家在太平洋

林建成 著／繪圖

——推薦序——

救命之歌在東台灣傳唱

為落實「哪裡有需要，就到哪裡去」理念，一九八二年起，馬偕醫院連續兩年每月輪派醫師支援蘭嶼醫療業務，從此踏入參與台東縣基層醫療，並加入當地「群體醫療執業中心」及支援台東省立醫院。有感於台東地區民眾對醫療的迫切需求，馬偕醫院一九八七年在台東鯉魚山下設立分院。

身為台東地區唯一區域級以及急重症後送醫院，自創院以來馬偕醫院台東分院一直擔任在地健康守護者，守護生命最後一道防線。即使位在後山，人才招募不易，各種資源欠缺，醫護人員仍然秉持馬偕精神，二十多年來以「愛人如己」的信念去對待每位病患；除了不斷提升醫療品質外，更積極照顧離島及偏鄉居民的健康。

但是，目前台東馬偕現有的設備及規模已無法滿足民眾對醫療的期待，遇有重症病人必須轉診北部或西部就醫，常因錯失黃金治療時機而造成遺憾之事！且往返奔波治療也加重病人家屬在照顧及經濟上的負擔。上帝將每一個微弱的生命都視為寶貴，我們的夢想是讓台東人可在本地安身立命、得到完善醫療，讓每一個有希望的病患都能有治癒的機會，於是兩年前開始編織急重症醫療圓夢工程，讓位在後山的台東人罹患重病時享有在地醫療的權利。

自二〇一一年四月起，藉由「手抄聖經」正式宣告夢想起飛以來，來自世界各地，來自各階層人士，眾人的愛如潮水湧流，匯集成生命的河，為後山百姓圓一個醫療的夢。台東愛心菜販陳樹菊，也將麥格塞塞獎獎金五萬美金全數捐給本院，讓馬偕醫院能幫助更多需要幫助的病人。如此的愛心，讓我們體會到在後山救人的志業上並不孤單。但目前籌募款項仍屬不足，希望有更多人來支持圓夢工程，以幫助後山台東的醫療。

感謝此次後山文化協會的義舉，以在地文化工作者的力量關懷在地的醫療。作者林建成更是長期投入原住民族群的文史研究，對地方上的人、事、物皆展現文人悲天憫人的高度胸懷。細細閱讀所撰寫的《家在太平洋》一書，每一則故事、每一張圖都極其親切及真實，字裡行間充滿愛與關懷，令人動容。尤其本院也曾參與八八水災的救災，對於災民悲與苦的記述，更是感同身受。建成兄本身也是病人家屬的角色，在陪伴就醫的漫長過程，深深感受台東醫療的重要性，以推己及人的心情，用其最擅長的「文字工作」投入後山醫療圓夢工程，其精神令人感佩。

文史可以記載當代事蹟傳頌流長，醫療的救命志業同樣也可傳唱久遠，兩者雖分屬不同領域，但一樣都具有影響生命的特質。再次感謝後山文化協會及林建成兄，能結合兩樣有意義的事情，並擴大其影響力，讓更多人看見台東地方文化的美，也看見後山醫療的需要，讓台東文史及後山救命之歌繼續傳唱！

馬偕紀念醫院台東分院院長　張冠宇

推薦序

建成的生命，台東的歷史

一九九三年回台東家鄉服務，認識藝文界雙林：林勝賢和林建成，可能因為我們有共同的興趣，三人有非常多的合作共事，且總是和台東文化有關，像是撰寫台東美術史，或文化活動的推廣、藝術創作的分享探討等。而我在台東文化局長或生活美學館長任內，建成都是我的重要諮詢對象。

建成兄在藝專畢業後選擇回家鄉，服務於《中央日報》。二〇〇三年調任台東縣政府文化局。二〇〇四年後又進入國立台灣史前文化博物館服務，至今他的工作都離不開太平洋的家，離不開南島語族文化的探索，他的堅持都在維護原住民文化的尊嚴。他的信念就是以藝術文化服務社會，凸顯人的價值。二〇〇九年，莫拉克颱風引起的八八風災造成南迴線原住民的重大災害，土地流失，親人失散，家產一夕之間化為烏有。當年建成用他的專業繪畫文字和影像幫部落做文化重建的工作，他看了原住民的歌舞，凝結為部落集體意識，讓他們重新站起來。

三十年來我看到的建成，他就是以一顆悲天憫人的心，做他認為對的事。在執行過程中，他會以同理心去思考，例如在文化局策展時，他會以創作者的切身需要去考量。在史前館工作，他會以原住民的視角和思維去面對事物。在許多文化活動的設計上，他會從人性和我們追求的核心價值做考量。因此多年來我從建成身上學習到很多待人處事的道理。

很高興建成兄《家在太平洋》一書將由聯經出版公司出版。這本書既是他個人生命的紀錄，也見證台東的歷史。書中我們看到人性的尊嚴，感受到生命的可貴，也讓人領悟到存在的價值，進而學會敬畏大自然。最重要的，這本書還了建成兄協助馬偕重症病院籌建的心願。

國立台東大學美術產業學系教授　林永發

——推薦序——

文化藝術的苦行者

有原住民研究指出，說兩種人對原住民最具負面印象與態度。其一為與原住民比鄰而居的漢人，他們因為長期與原住民相處而積累了許多負面的印象，加上生活中時有利害衝突之故，更加深了負面的看法。其二是居社經地位優勢的原住民，常怨族人不求進步並成為他們的發展障礙與負擔。

建成是台東人，自幼接近原住民生活，他對原住民的態度完全一反前述理論，他接近原住民甚至深愛原住民，看起來比原住民還原住民。而原住民書寫不僅成為他的成就，更是促使他能量翻升與精神解放的影響來源，這層關係是我一直由他數度提及高更和大溪地的關係了悟的。

我與建成相識相交滿三十載，且有緣成為同事。我所認識的他，勤於書寫記錄身邊發生的事情，更用畫筆記下相機與文字均難表現的部分。有些事雖小，但是卻能做為時代的註腳。共事以來我們還真的一同打了幾場美好的仗，有些轟轟烈烈的故事，他已委婉地寫在書中。所以，對我而言，這本書讀來特別親切有感，因為有部分也是我經歷的故事。

綜觀本書，其實包含了建成十年來經歷的四大主題：部落觀察、原鄉情懷、風災記憶與南島采風。書中畫作像停格的景，而書寫有若涓涓湧流的清泉，兩者各有殊勝，又交相互參，彷如聆賞一場四樂章的二重奏。樂聲隱隱交響出這些年來他對藝術、文學、原住民文化關懷的心思與寄託。當中之最，是那一場驚天動地的八八水災。當國人尚震懾於鉅變時，幾位平日志同道合的同事共同商議，很快浮現了博物館介入的角色——陪伴計畫。誰都沒有經驗，但他毅然接下此項艱難任務，率一小組成員在摸索中前進。此項任務過程雖遭質疑與博物館宗旨的關聯性，理應支援的資源不能到位、經費不斷被排擠，更有甚者，有人暗諷他的投入是在追求個人表現。但不斷浮現的質疑與干擾，都未能挫折他的意志，他始終如一進行原訂的陪伴計畫，令我佩服之至。

看到建成多年來為原住民孜孜矻矻的樣子，我不揣淺陋，謹以小詩〈蜂〉為他獻上禮讚：

我像恓恓惶惶的蜂
在一畦畦開墾殆盡的園中尋找一種瀕絕的野花

為同是大地子民
卻已垂垂將絕的它
尋一方可以續命的園圃
公平地迎享陽光

我忙碌，是為
承沾滿身的花粉
著向我遇到的
染住遇到我的

我費心，是為

汲煉它的蜜汁
為世間調引新的風味
感受另一種妙美的存在

而最讓我感動的是，建成因妻子之病，深切體認到台東醫療的不足，願以本書的版稅所得奉獻給台東馬偕籌建重症大樓。其力雖薄，其誠可感！但願大家能體會這一隻小小工蜂的心意，一起為台東打造出充滿活命希望的再生巢吧。

財團法人原舞者文教基金會董事長　林志興

——推薦序——

耕耘台東厚土的夢想

文學創作見證歷史，歷史照見人文生活裡的生命價值。

一九九二年，幾個志同道合的朋友組成「後山文化工作群」，以文學書寫的方式為台東文學發聲，隨後在人文歷史保留與發展的使命驅使下，立案登記成立「台東縣後山文化工作協會」，展開長達近二十年的文學兼具文史資料的田野調查、整理、創作及出版工作。

後山文化工作協會的成員以團隊集體出擊的方式，在《台灣時報》副刊「土地文學」上為台東在地文學發聲，使台東的文學創作作品與作家在台灣文學版圖上有了清晰的面貌；其後，由「後山」成員策劃、創作、出版的書冊有：《后山代誌》（一—五輯），地方誌：龍田、加走灣、太麻里記事等，人文專輯：台東縣寺廟專、老樹專輯等（以上皆由政府單位委託辦理）。本協會以推廣文學活動、培育文學種子為職志，每年辦理以台東文學為主題的文藝營，將活動探討內容編輯出版《台東文學》一書，並於中華民國建國一百年編輯出版《當代台東文選》。為使台東文學有更遠闊的發展，「台東文學館籌備處」在協會成員多年的努力下，於二〇一〇年六月在寶町藝文中心B棟掛牌成立，以此處為平台，期待有更多的人參與，豐富台東文學的生命。

林建成先生，是本協會耕耘台東文學的長期健將，是後山文化工作群發起的先鋒。二十年來，參與本協會辦理的各項活動和出版工作，不遺餘力。在個人創作上也有優秀的表現，他對焦於原住民族族群文化的關懷與研究，出版《雲水故鄉》、《頭目出巡》、《後山族群之歌》、《台灣原住民藝術田野筆記》、《台灣原住民與西洋藝術的對話》、《台灣美術大系——原始、樸素專輯》等十三本專書；在藝術個展上有「九族原住民風情彩墨畫展」等；他策展的活動有：「豐美的織文——台灣、東南亞民族染織特展」、「杵音、響雷、馬亨亨——阿美族頭目馬亨亨歌舞劇」、「重生與感恩——嘉蘭村莫拉克風災週年回顧特展」等。

建成是一個多元創作的人，他以文學的筆，寫出對台東多元文化的觀察，用藝術的眼睛，呈現出台灣原住民族群文化的豐富容顏。《家在太平洋》是他近年來在研究的田調上、或和原住民朋友相處上的紀錄與隨筆。書中展現出原住民族群生活文化的智慧和幽默，尤其是在面對災難時，他們的生存樂觀態度。莫拉克八八水災重創台東縣金峰鄉嘉蘭村，建成用朋友關心朋友的方式，在有限的經費下，策劃「揮別八八　迎向九九」感恩晚會及「站在記憶的斷崖上」特展暨金鋒鄉產業展售活動等，讓原住民朋友能以自己的語言，說出對災害的感受和重建的心情。

與其說建成是一個研究者、創作者，倒不如說建成是一個社會人文的關懷者。《家在太平洋》出版的動機，是因為他感受到做為一個台東人缺乏重病醫療的重要性。地處邊緣的台東，重病就醫對病人及家屬來說是一件極為困難的事，不足的醫療設備常常是延誤治療的主因。重病者需遠赴外地就醫，除了要承受身心病痛的煎熬之外，其家屬也因照顧上的不便，而產生工作生計上的危機。

建成本著對台東文化工作先鋒的初心，將作品集結成冊出版，捐出所得，希望盡一點心力，讓台東人有一個設備完善的重病醫院安心就醫。後山是台東人的厚土，本協會的全體成員希望台東人一齊來關心台東這塊土地上的事，共同耕耘出台東的夢想。

台東縣後山文化工作協會理事長　李金霞

one
two
three
four

與太平洋為鄰

太平洋的風

one

two

three

four

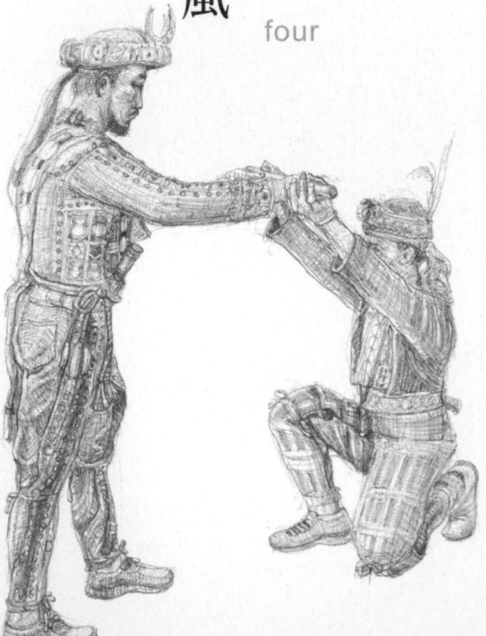

家在太平洋

one

two

three

four

太平洋的容顏

one
two
three
four

one
two
three
four
與太平洋為鄰

原住民居住的島嶼台灣與太平洋關係密切，

許多族群（阿美、卑南、排灣、雅美族）都有祖先來自海上的傳說，

或者靠海的環境（撒奇萊雅、噶瑪蘭族），長期以來藉著洋流移動、遷徙，

進行往來和貿易活動，太平洋就如同他們千百年來的生命之水。

1. 太平洋是我们的冰箱

東海岸海景優美，沿著台十一線公路靠近郡界附近有一片椰林，在陽光照射下，呈現蒼鬱、清涼的林蔭，映出背後湛藍的大海，景深與光線的反差彷彿讓人置身化外之境；直接穿越過去就是柔軟的沙灘，這是我常去看海的地方，雖然沒有一彎之隔的杉原海水浴場的寬闊景致，卻也少去了人煙雜沓，漫步當中可以在沙灘上享受寧靜的個人空間，也可以悠閒恣意觀賞礁岩卵石間的小蝦蟹自在地活動。

靠近椰林岸邊的沙灘上，經常會發現一堆堆的木頭灰燼，應該是漁人釣客在大自然環境野炊所留下；若是想親近海邊人煙，附近的新蘭小漁港就是頗有風味的村落，順著一條小馬路而下，連接底下的聚落，小漁村十幾戶鐵皮瓦屋老房子高低錯落其間，環境很是簡單樸實。

早年到此地還容易看到靠海維生的漁人們在修補漁網、整理漁船的景象，近幾年當地起了變化，臨海的屋舍幾乎全已翻新，新建的水泥鐵皮房子都加蓋了觀海的陽台，部分做起民宿生意來，頗讓人感到幾許失落。

我常在漁村閒逛，偶爾畫畫速寫，大部分時間欣賞海邊的岩石、撿拾小石頭，東海岸青綠、藍紫這兩種色澤的石頭特別漂亮，尤其是浸泡在海水中閃爍著艷麗光澤，與天空相互輝映。

喜歡這裡的另一個原因是感受得到溫暖的人味，漁民清晨駕駛著他們的膠筏漁船出海，在近海處捕魚，陽光灑在海面上，畫面看起來十分柔和美麗。留在岸上的阿美族老人或婦女也沒閒著，會到礁岩邊或潮間帶撿拾海貝生物。

我看著崎嶇的礁石造形，欣賞海水從它上頭流過退去，留下凹凸不平的表面，產生瑰麗的色彩。撿海貝的族人在我眼前爬上爬下，一個礁石換過一個礁石，手上拿了一支小刀片，在礁岩上找出附著的貝類，努力挖下後放入隨身腰帶上的網袋，海水一波波湧來，有時候整個身子一半浸在海水裡，有時候被沖激濺起的海水覆蓋，十分辛苦。

想起很多阿美族朋友都用「太平洋是我們的冰箱」來形容他們和海的關係，想吃魚、蝦，出海一趟就有了；想吃海菜、海貝則到海邊來找，取之不盡，方便極了。一位朋友說，山上的原住民族狩獵，會避開動物的繁殖季節，換句話說，難免有青黃不接的時刻，但是大海似乎沒有，它們是看天氣的。

大馬路邊近年來豎起了一塊告示，表示附近沿岸屬護漁區，想必外來漁船與本地爭奪漁場，過度的濫捕也引發了漁業資源匱乏的憂慮，到了不得不保育的情勢，看來在如今注重生態的時代，靠海的阿美族，冰箱也必須要有「保養」的時刻了。

（二〇一一　台東郡界部落）

懷念四季豆

在人群熙攘的台東市馬蘭市場外角落，有一個特別的小市集，大清早經常會聚集一群阿美族人，靜靜坐在靠馬路邊的小板凳上，腳跟前擺放著剛採的野蔬、海菜或自行製作的醃肉等，有時候他們會友善的向路人招呼，詢問要不要買一點阿美族的菜。

馬蘭阿美族部落的外圍住家，以前隨處可見俗稱「菜豆」、「扁豆」的四季豆，阿美族語稱為「卡里旦」，因為富含蛋白質和多種氨基酸，常食用能增進食欲，夏天多吃則有消暑的作用。這種菜豆容易適應環境，不需太多照顧即可生長，因此早就成為佐餐的好菜餚，族人對四季豆的熟悉與情感不言可喻。

認識東海岸的一位阿美族藝術家，他祖母的名字即選用早期部落裡常見的野蔬四季豆，就叫做卡里旦。藝術家說，四季豆是族人常食用的蔬菜，他從小受祖母照顧頗多，對

2013
Agent
2013.3

她一直很懷念，因此在一九九六年他特別以漂流木創作了一件「四季豆」作品，外觀宛若女子身體曲線造形的抽象作品，位在肚子的高度，藝術家仔細的刻劃出彷彿女人子宮的形狀，透視內部則是放了一片四季豆和豆粒，象徵綿延的生命，相當具現代感。藝術家強調，「四季豆」作品其實就是為了紀念祖母而做，用族人常見的植物意象連結阿美族文化內涵來進行創作。

使用漂流木來創作，也是就地取材。藝術家的故鄉即在太平洋的左岸，從小生長於東海岸地區，記憶裡每年都要碰上幾次颱風來襲，威力大的風災不是吹毀家園、田園，就是造成人們傷亡損失，可說是人人「談風災色變」。但是藝術家把每年必定到家門口報到的颱風，當成「洗清自己世界」的心靈洗滌機會，認為是海岸居民生活不可分割的一部分，面對出生成長的海洋，他的感情澎湃、思考很深邃。

藝術家身上以背負部落文化為使命，許多作品也因而產生，其中很多是以漂流木為材料。每次颱風過後，藝術家都會到海邊撿拾漂流木來創作，颱風帶來的風雨，不僅清潔了大地，自己的心靈也因而更清新，那年他在海邊撿拾漂流木時，突然有了靈感，回到工作室後就完成了「四季豆」作品。

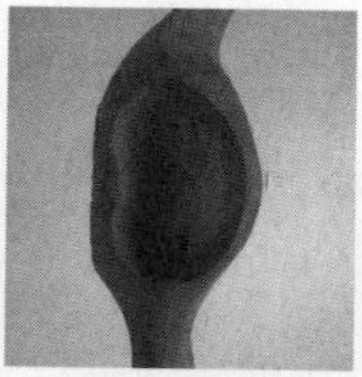

從懷念祖母的四季豆象徵開始，颱風、漂流木也在創作的奇妙連結下，呈現了一種獨特的東海岸阿美族生命循環內涵。

（一九九九　花蓮豐濱部落）

3, 風的思念

大自然的風徐徐吹來，些微潮濕的海洋氣味，拂去了夏日的酷熱，萬物得以獲得喘息，從炎炎夏日到秋末季節，它都是東海岸土地上人們望眼欲穿的消暑良方；接著下來冬季吹起強勁的東北季風，捲起浪濤與風沙，海岸線上的蕭瑟風貌又是另一種景象了。

東海岸阿美族人把風比喻為「大自然捎來的訊息」，在都蘭部落進行創作的阿美族藝術家們拿它來做為題材，用當地自然素材漂流木直接表現出這種難以呈現的抽象概念。

這種外觀看起來毫不起眼，不是樹圍大小不一，就是枝枒參差不齊的漂流木，在藝術家手上居然變得服服貼貼，搭成一座迎風而立的樹屋，屋內擺置了藝術家製作的蠟染作品隨風飄動。藝術家說，風最讓人直覺聯想到的是風箏，蠟染如同風箏連結了心靈上的寄託和想念，整件作品即是表達「風說你要來」的意境。

漂流木恣意、多變的線條造形，成了藝術家自由創作的靈感。另一位藝術家應用高低錯落，搭配豎立起一座風味獨具的隧道，他撿來棄置的空酒瓶從中裁切剖半，製作現成的各式風鈴罩蓋，並在裡面放置兩三截鐵線，或以鉗子夾彎的鐵線或以拴住的鐵片當成鈴鐺，然後綁在架設起來長長的漂流木隧道上，製作成為別致的「風鈴隧道」。

藝術家利用的材料是他們喝完的飲料空瓶，隨手將它拿來搭配漂流木做裝置藝術品，既環保又自然天成，且毫無丁點矯揉造作的感覺。許多前來觀賞的遊客流連在隧道內，紛紛拿起相機拍照留念，並感受風鈴聲在風中搖動的浪漫情調。

藝術家說，阿美族的歌曲中，常藉著風來表達對情人的思念，他在漂流木裝置作品中特別以自然物瓶子代替風鈴來詮釋風的感覺，且這些風鈴都繫上了老照片，讓人多一分回憶。

每年冬季東海岸的東北季風十分強勁，漂流木上的蠟染布被風吹得噗噗作響，酒瓶風鈴則是發出清脆的叮咚音調，就好像裝了風鈴的門被打開，迎來遠方思念的人一般。

（二〇〇二　台東都蘭部落）

4. 漂泊的鐵人

二〇〇七年二月四日到馬蘭部落楊傳廣老家，參加「亞洲鐵人」追悼會，臨時搭起的靈堂設在「金母娘娘」廟前空地，周圍擺滿了鮮花，台上佩戴奧運十項銀牌的鐵人肖像及昂首跑步的英姿照片，楊傳廣一夫當關充滿著自信的笑容，一如往常的印象，好像鐵人只是暫時放下手邊工作，馬上還會回到熱愛的崗位上。

從小聽了很多楊傳廣的故事，一九六〇年代讀小學時，只要是運動表現傑出，同學多半會以「楊傳廣」來稱呼，楊傳廣幾乎成了我們心中的偶像。成長後與楊傳廣有幾面之緣，不過鐵人已不復當年，只是高大的身影仍然屹立不搖。

第一次看到楊傳廣，是在一九八〇年間馬蘭阿美族的豐年祭上，雖然鐵人擁有名聞遐邇的頭銜，在傳統年齡組織制度下，楊傳廣仍恭敬地站在長老席前陳述意見，並不因為他的特殊身分而破例。

廟的一旁是紀念奧運十項銀牌而興建的「鐵人之家」建築，緊鄰著楊傳廣當年擔任立委時服務選民的辦公室。長年在外征戰奔波，楊傳廣晚年思鄉心切，曾返回台東，連續投身選舉，當選平山立委，但是台東縣長卻落選了，那時候他的辦公室就在金母娘娘廟的廂房，我也曾在此地與楊傳廣深談一個下午，從他年輕聊到當時，印象深刻的是他講述羅馬奧運會與強生對決爭冠的往事。

隨著鐵人四處征戰，曾經創下世界紀錄的纖維撐竿跳桿及戰績輝煌的舊照片，則從鐵人辦公室移到屋簷下供人參觀。楊傳廣於一月二十七日過世後，胞妹曾得到鐵人托夢，表示想要返回老家與族人告別，於是家族臨時開會決定三日晚間十時，配合遠在美國的楊傳廣喪禮同步舉行道教儀式家祭，她說，依習俗乩童面向太陽方向擲筊，證實楊傳廣靈魂已

返回老家，與家人團聚。

事情來得突然，匆忙之間決定四日的追悼會開放供各界追思，家族與部落人士出席並不踴躍，或許與鐵人成名後多半在外奮鬥，除了擔任立委期間，少回部落參與事務有關。

地方政府原本希望能夠爭取楊傳廣返鄉安葬，但最後一絲落葉歸根的期望終究仍是落空。

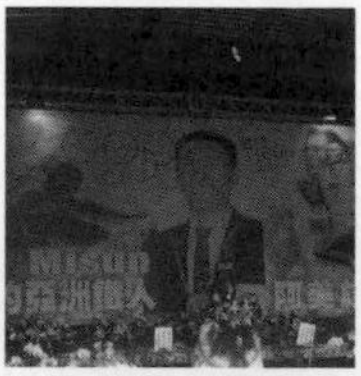

鐵人出身於一個平凡的原住民部落，擁有南島語族漂泊的性格，能在樸實環境中淬煉出堅毅的生命力。他曾經在艱困的年代，代表國家在世界體壇上發光，創下多項傲人的紀錄，為國人爭取無數殊榮，也為台灣打開國際視野。鐵人不僅僅屬於部落，面對這麼一位曾經叱咤風雲的英雄人物，他的最後「晚景」顯得如此落寞與淒涼，令人無限感慨。

（二〇〇七　台東馬蘭部落）

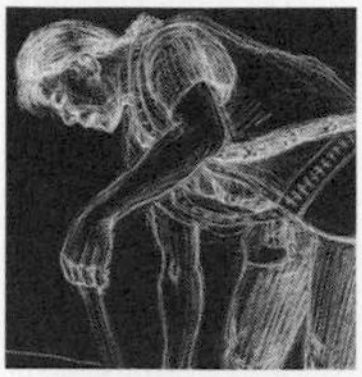

5. 香蕉絲線球

二〇〇六年我到花蓮縣豐濱鄉新社村拉拉板山腳下，尋找一種古老獨特的手藝。這裡住著約八十餘戶三百多名噶瑪蘭人，一九九〇年代起，老一輩族人嘗試找回傳統香蕉絲編織技藝，這是台灣其他族群所沒有的特色，噶瑪蘭族藉此做為文化復振的象徵。

噶瑪蘭族是台灣原住民晚近才獲得正名的族群，目前尚保存了噶瑪蘭族語言、風俗，如新年祭祖（巴利幸）及豐年祭、海祭等。以織藝而言，四、五十年前族人還看過婦女織布的景象，穿香蕉絲短衫也是部落極普遍的現象；除了衣服外，過去族人所使用的背袋、繩索等等，均是利用香蕉絲製作而成，一直到現代物資進入後才逐漸消失，整個部落也僅剩少數耆老記得該項織藝。二〇〇四年新社部落經過多次的討論、文史調查、耆老訪問與織藝研習等，將香蕉絲織布文化成功重整，並成立編織工坊、展示場。

2013.5
繪噶瑪蘭婦女切割
香蕉絲之情形

為了染織特展的研究與展示需求，特別邀請族人到博物館進行製作技法的演示。噶瑪蘭族引以為傲的香蕉絲布製作，事前需先砍取約一年生且尚未結果的香蕉樹為樹材，工作前並以小米酒進行「斯保」儀式，祈求祖靈庇佑。接著族人將香蕉莖材料刮皮，剝去表層留下內層的莖皮，然後以腳踩住一端，一手則持刀小心翼翼的將莖皮的澱粉質刮淨，以免留存的澱粉質產生腐爛。來回刮薄後剩下半透明狀的香蕉莖纖維，加以曬乾撕成細蕉絲，再接連成線，整理成一捆捆香蕉絲線。

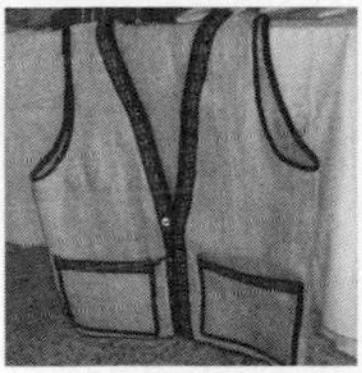

婦女則擔任抽絲和織布的工作。織布需耗費大量體力、耐力、眼力，是相當辛苦的工作，噶瑪蘭族人小時候看著母親或長輩從事織藝，長期浸淫下多半學會這項技術。過程十分簡易，織女席地而織，腰佩背帶，雙足伸平固定，反覆不斷進行挑經、穿梭、緯線夾緊等，不時還得注意脆弱斷裂的香蕉絲，適時加以修補接線；經過一段長時間努力，才可完成一塊質樸無華的香蕉布。

那次展出，特別將香蕉絲線球放在現場供民眾辨識，也包括族人開發出來的背心、帽子、背袋、提袋等織品展示。很多人都滿臉疑惑，不斷聽到詢問：「真的是香蕉絲嗎？」俟展示結束後，香蕉絲線球沒有一個是完整的，多半被拉扯得四分五裂，我想那是因為一般人實在很難相信香蕉絲真的能夠做成服裝來穿的緣故。

（二〇〇六　花蓮新社部落）

6.

卡拉丟（雞母珠）項鍊

排灣族語「卡拉丟」意即「雞母珠的故鄉」，顧名思義，往昔當地到處都是這種植物。進入杜魯卡拉丟（南和村），新社區環境乾淨，已少見滿地的雞母珠，迎面而來的是一座雕塑刺球的入口意象，幾位排灣族小朋友在旁玩樂，一邊吃著海苔，看我拿著ＤＶ拍攝，很大方的要我把鏡頭對準他們，可愛的模樣流露出一股樸實生活的安逸。

南和村是一九五九年由舊高見與白鷺兩部落合併遷入，部落系統在現代行政區域結合下，呈現既合作又競爭的情勢，傳統祭場及頭目系統分立，連近代發展也分頭進行，白鷺社區發展協會進行石板屋重建，建設舊部落推動文化復振；高見社區發展協會則以部落產業觀光為目標，搭配當地芒果與花季做為農業休閒景點。

白鷺部落的文化建設，從祭場和石板屋的經營便可看出。重要的收穫祭或祭祖靈都在祭場舉行，部落家族祭壇上一字排開，朋友為我介紹五個家族中，三支較大的家族可以持刺球，分別設置祭台，屬於大頭目的祭屋則另行隔離，平時不隨意開放以示尊重。祖靈象徵多半是石塊，背後則是懸掛著板雕，刻劃祖先的來源，無論太陽、陶甕、百步蛇等圖紋，充分說明族人的圖紋信仰，直到現代仍然是民族文化的重要表徵。

大頭目的住宅是另一處明顯的象徵，外觀以大塊石板搭蓋的二層樓建築，門窗為雕刻人像、動物的板雕裝飾，內部也以厚實寬大的木板為支柱直上屋頂，兩側石塊堆疊起牆面，同樣刻上了象徵祖靈的各式圖紋。

我很少看過這麼氣派豪華的石板建築，客廳擺設的巨大會議石板桌或長條凳，可以容納十數人開會討論，休憩室鋪著細緻的月桃蓆，一體成型的木椅披著獸皮，就連小茶几及菸灰缸等都很講究，處處圖紋裝飾得美輪美奐；最讓人震撼的是滿壁的擺飾，多到難以勝

1979 Lin

數的陶甕、佩刀、矛、琉璃珠、服飾，雕刻藝術品在身旁隨處可見，像是一間精緻的排灣族博物館。

事實上南和村的傳統工藝發展是不分南北部落的，金屬、服飾、雕刻、織品工藝等都有老少族人持續創作，傳承的目標一致，老一輩姆姆（排灣族語祖父母、老人家之意）希望年輕人不要忘了這優美的傳統，能發揮自己的想法，持續做下去。

近年來朋友以傳統工藝為基礎，調和新環境的適應，他找回當地的植物象徵——雞母珠，用它做為素材進行各類項鍊、串珠製作或裝飾，把它推廣為部落文創產業的重要代表，他的努力不但得到兩部落的肯定，也成功凝聚了新社區的認同。

因為早期南和當地就是盛產雞母珠的地方，現在用它做為文創產品，既就地取材，也為社區發展帶來多重效益。

（二〇〇八　屏東南和部落）

十. 比那西造（太陽休息的地方）

屏東縣牡丹鄉牡丹村「新保將」部落有一座十分罕見的太陽祠，奉祀的主神即是太陽，順著部落後山產業道路往上走，數十分鐘即可抵達，外觀是鐵皮建築，門口左邊掛著「新保將神明會」木板，兩側裝飾著幾何圖紋，右邊則是「牡丹本土文物館」，似乎有意與排灣族傳統文物館做出區隔。

進入室內，中堂掛著一塊宗祠牌位，除寫著新保將的部落名外，上端還供著一塊木雕，浮刻著大圓形圖案，最外圈是陽光的光芒造形，內圈環繞一條百步蛇，當中則是人頭像，組合成為完整的圖紋。前方祭台上則擺著巫師祭祀用的碗、獸骨、葫蘆、小竹籃等器物。左方隔間則是陳列文物的空間，分別擺設了昔日生活用具，有鐵器、竹器與木器等，及鍋、碗、甕、杵臼等文物。

我在部落裡詢問太陽祠的緣由，族人告訴我，可以去請教鄉內的耆老，他家就在離鄉公所不遠處。耆老是新保將部落的活字典，是早年政府培育的原住民菁英，一九五四年進入高雄中學的山地班就讀，當時生活困苦，一個禮拜才能回家一次，每次走山路都要花上幾個小時，畢業後在鄉公所服務，從最基層的村幹事做起，一路到鄉公所主秘，從鄉公所退休下來後，致力於部落的文史工作。進入耆老家，客廳牆面掛著琉璃珠裝置藝術，兩旁則是一副書法，感受得到他獨特的文化涵養。

他提到，卡道（太陽）是新保將部落排灣族人祖先神話的來源，因此成為主要信仰；比那西造則是太陽降臨休息的地方，也是維護地方安寧的住所。早期位於牡丹水庫上游十六、十八林班地的比那西造舊址，僅是一塊安奉的石頭，在遷下山後置於低矮的石板屋內，包括族人及外人經常來祈求平安，有實際上的需要，乃於一九九七年成立神明會，以

漢人的組織方式，由新保將部落族人組成，組織幹部開會決定各項活動與祭儀舉行日期。後來，族人認為舊祠太過簡陋，於是爭取公共造產進行改建，在二〇〇〇年新祠落成，部落裡還曾舉行數十年來未見的隆重遷移入祠儀式。

耆老說，當巫師在進行祭祀時，必定要呼喚「卡道—那—馬迪」（祖靈），表示排灣族人最崇高的信仰神靈；一般排灣族的收穫祭以小米收成為核心，新保將部落卻是以二期稻作收割為祭儀日期，因此收穫祭稱為「馬蘇巴代」。每年十一月底的收穫祭迎接祖靈都在比那西造舉行，儀式完也會到部落去灑祭，象徵將惡靈驅除出去，保護部落平安。

無論太陽如何輪迴各地，新保將部落用具體建築物為太陽提供了一個降臨休息的地方，每年以例行的祭儀紀念與感恩，成為新保將部落族人最崇高的信仰，太陽也以實質的豐收回饋給地方。

（二〇〇八　屏東牡丹部落）

8. 用連杯迎接朋友，以槍对敵人

清晨，我從住宿的四重溪出發，沿著一九九縣道往牡丹方向前進，徒步前往石門，這裡曾是「牡丹事件」的重要場域，想去憑弔古戰場，緬懷排灣族人捍衛家鄉的歷史記憶。

原來是想健行，但是接近石門，南台灣的太陽很快就成為途中夥伴，它的熱力逼人，行走起來汗流浹背，可是擋不住我探望的決心。當虱母山和五重溪山相峙的隘口景觀遠遠出現時，石門古戰場已近在眼前。

一八七一年，琉球宮古島居民六十九人遇颱風漂流至滿州鄉八瑤灣上岸，因誤入牡丹社及高士佛社之領地而有五十四人被殺。一八七四年日本藉口島民為排灣族人所殺，出兵入侵台灣，在今射寮海岸登陸，沿四重溪河谷深入攻擊，牡丹社、茄芝萊社、高士佛社等占據石門天險，排灣族人憑藉地理優勢挺身為家鄉奮力抵抗，與日軍在此發生激戰。日軍後來採取游擊戰術兩面夾攻，使排灣族人無力反擊，牡丹社頭目阿祿古等二十多人當場犧牲，即為著名的「牡丹事件」。

從石門古戰場登山口拾階而上，到達山頭，日治時期日人在此設立「忠魂碑」紀念事件中陣亡的日兵；台灣光復後，政府則另立「澄清海宇還我河山」石碑，以表彰排灣族人誓死不屈的精神。站在歷史的遺址上，登高望遠，河谷景色盡收眼底，心中混合著一股因文化差異引發的蒼涼悲壯感傷。

這股感慨來自理解排灣族文化的底蘊，族人重視土地領域，也強調勇士精神，我記起與白鷺部落大頭目的那段相遇，他特別用兩位當地藝術家的作品說明排灣族人的精神文化內涵。一位勇士右手拿連杯，左手持獵槍，表示排灣族以誠懇的態度面對來訪的朋友，用連杯來接待；反之，對部落不禮貌或侵犯者，則以槍對敵人。他說，自古以來排灣族人不

033

惜用生命捍衛自己的部落，就如同另一件作品的描述：勇士身上已中箭，卻勇敢的折去箭尾，雖然留下一截在胸膛，仍然堅毅不倒，代表「永不屈服」的精神。

牡丹部落耆老對於事件的發生，認為是彼此誤解所產生。當年琉球居民上岸，高士部落還好心提供地瓜給他們吃，請他們安心過夜，第二天早上會打獵將獵物送他們，沒料到琉球人擔心部落人不懷好意而連夜偷跑，致使部落人懷疑其動機是否為進行刺探？因此把他們當成敵人，發動追殺，種下事件的導因。

從石門古戰場走回來，外來的菜販車正好開進部落入口，婦女身邊跟著小孩圍在車旁挑選需要的蔬果，部落裡新的一天，是這麼平凡開始的；遠在數公里外的古戰場，卻以生命記錄下族人與外界接觸史上不平凡的一頁。

（二〇〇八　屏東石門）

9. 偷魚的鄰居

沿著東部海岸的浩瀚太平洋，自古以來就是一條頗為重要的交通要道，而洋流也是南島語族接觸、遷徙的動力樞紐。

我們站在「卡蘇蘇岸」（今花蓮市國福里）部落的土地上，聽著撒奇萊雅族人談古今歷史，這些血淚教訓在族群記憶中仍然十分鮮明。朋友說這塊土地早期是屬於太魯閣族的，撒奇萊雅族原居奇萊（花蓮）平原「塔可波灣」部落（今花蓮市國慶里一帶），但是這塊水草豐美之地一直為族群逐鹿之地，也是撒奇萊雅、阿美與太魯閣、噶瑪蘭族交鋒的地方。研究撒奇萊雅族的朋友談起荷西時期的西班牙文獻提到，居住在宜蘭的噶瑪蘭族擅於划船，航海技術不錯，曾沿東部海岸北上淡水出草，南下花蓮進行貿易；荷蘭文獻則找出，噶瑪蘭族到花蓮交易金沙；日本文獻更記載，噶瑪蘭族會在秋收期間，划船到大港口掠奪

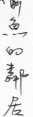

2013
Agent

海岸阿美族。

撒奇萊雅族耆老突然補上一句：「噶瑪蘭族是偷花蓮的魚啦！」引起在場的我們一陣笑聲。

一八三〇年至一八四〇年之間，漢人勢力進入蘭陽平原，以五結鄉加禮宛社人為主的噶瑪蘭族被迫南遷到花蓮北埔，在花蓮平原北部建立新的加禮宛部落。一八七八年發生加禮宛事件，參與對抗清軍的撒奇萊雅族社眾遷離，流散的族人重新聚集在歸化社，族人因當地有許多茄苳老樹（撒固兒），便自稱撒固兒（日本人改稱佐倉）部落。一九三七年碰上颱風洪水，族人越過砂婆礑溪遷徙到「庫波」，早期庫波與相鄰的卡蘇蘇岸均為太魯閣族的領地，因日本政府實施太魯閣族集團移住，撒奇萊雅人才得以找到安身立命的土地。朋友說，太魯閣族會到此地出草，因此隘勇線的設置從七腳川延伸至當地，卡蘇蘇岸之意是「老人吹口哨」，應該指的是隘勇發現該族出現，以口哨聲互通訊息。

目前庫波與卡蘇蘇岸是花蓮市撒奇萊雅族最集中的部落，撒奇萊雅族正名後，由於庫波與卡蘇蘇岸的居民都是來自撒固兒的族人，於是二〇〇八年部落會議決定回復為傳統部落名字撒固兒，以紀念當年祖先聚集歸化社的淵源。

在歷史的變遷下，當年靠太平洋交通相互接觸的海洋民族，如今好像都已經年代久遠，至於噶瑪蘭族分散遷入花東海岸各地部落，也和阿美族人一樣，年輕人多半加入遠洋漁船去捕魚，不必再順著洋流划船去偷其他族群的魚了。

（二〇〇九　花蓮撒固兒部落）

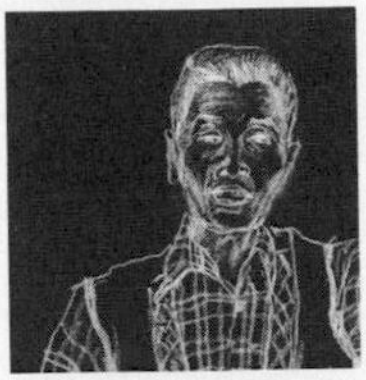

10、再一次合唱放牛歌

二〇〇二年卑南族「卡地布」（知本）部落裡，有一場盛大且特殊的歡迎宴，席開十五桌，歡迎七十五歲的遊子返鄉，當年他離開時是個年輕力壯的小夥子，現在成為白髮蒼蒼的老人，落葉歸根的複雜心情，讓他難忍老淚縱橫。

老人是台籍國軍，年少時被徵召赴大陸打仗一去不回，曾經一度音訊全無，直到開放探親的政策解凍，才重新與家人聯繫上。離開家鄉五十八年後，終於再度踏上故鄉，這一趟歸鄉路途遙遠，幾十年的日思夜念，和親人的引頸企盼，甚至來不及見到老父親最後一面。老父親臨終撒手前，還念念不忘交代家人，一定要等到他的歸來。如今他真的站在生長的故土，情緒激動得只能反覆喃喃自語：「終於回到家了。」

老人已在大陸成家立業，為了要讓兒孫們看到自己成長的卡地布部落，特別帶著大兒子及十二歲的長孫回到老家，來自卡地布、利嘉、南王等部落的卑南族親人及大武排灣族的親友，都專程趕來迎接歸鄉的老人，親友為他穿上卑南族服飾，兒子也穿戴卑南族服飾和排灣族頭飾參與盛會，大家高興的擁抱，忍不住流下淚水。

宴席中，老人小時候一起成長的玩伴，紛紛回憶兒時的情景，激動得數度哽咽熱淚盈眶，隨後大家唱起當年放牛時喜愛吟唱的歌謠。老人沒想到有生之年還有機會和兒時玩伴們一起合唱放牛歌，這些曾經讓他午夜夢迴的母語兒歌，怎麼在鄉親面前唱起來格外失靈？但親友族人沒有放棄，協助共同合唱，他也慢慢找回過去的音感，那感覺好像重回母親的懷抱一般。

老人返鄉定居，政府發放了八十萬撫慰金，地方各界首長也致贈慰問金歡迎他，但是久別重逢之後，他又得面臨另一次的痛苦抉擇，送兒孫們返回大陸工作和學業崗位。

老兵拿著勳章的手指、我發現
則是折壽多傷的
Agent
2002

大時代的悲劇，讓他年輕時無法陪伴在父母親人身邊，少小離家選擇了老大回，好不容易等到落葉歸根，但造化弄人，如今卻又要面臨髮妻子女的兩地相隔，他不知道這條路還能走上幾回，八十萬撫慰金能夠彌補那失去的青春、換回這兩岸離散的親情嗎？

（二〇〇二　台東卡地布部落）

11. 土地是我們的回憶

一日在卑南文化公園裡突然聽見清脆的鈴聲，和「呼—呼—哇」間歇高唱的聲音，走出去瞧見卑南族南王部落婦女正列隊快步前進，一路上不斷敲打手上的鐵響筒，口中則呼應著帶隊者的「呼—呼—哇—」，精神抖擻的進入公園後方的野地。

卑南族的傳統中，族人從事小米種植，都是由婦女負責，農耕除草時婦女們相互支援，等小米收成與除草工作告一段落，全體婦女會舉辦「慕加慕特」（除草完工祭）一起慶祝，用祭儀來聯繫婦女彼此的感情及團結。

嚴謹的慕加慕特可分為三階段，包括採荖藤、通報、互助、除草、祭祖祭亡靈等儀式，第二階段帶荖藤賽跑、傳統舞蹈、表揚、獻花、吟唱古調等，最後則是砍伐樹木、切荖藤等。目前南王部落依舊維持該項習俗，只是受到環境變遷影響，傳統祭儀的場域已被徵收為公園，加上部落族人外流嚴重，可以讓族人參與的土地空間和出席人數，愈來愈讓部落長輩們憂心。

針對該現象，博物館為了能夠讓部落文化永續傳承，特別嘗試規劃了一塊空地，給部落婦女們種植小米，從播種、除草到收成入倉等均按傳統進行，除了讓老一輩婦女們的經驗不至失傳，也讓年輕一代有機會體驗部落文化實質的內涵。

現場老人家們不顧烈日當頭，頭戴斗笠或帽子，背著竹籃，到了小米田即自動一字排開，彎下身子開始進行除草工作，隨隊的幾位年輕女孩則跟著學習。成長期的小米苗和野草外觀不易辨識，老人家耐心教導年輕人如何區別，同時小心除去小米苗旁邊的野草，這種實際的體驗正是課本上很難學到的經驗。

過程中部落男性族人帶著飲水來到現場問候，他一本正經的說：「我來慰問我們家

八十歲的小姐。」事實上，是怕老人家太勞累，特別拿了小椅子讓老人家可以坐著除草。慕加慕特這天，部落男人多半放下身段為婦女煮飯、斟酒、敬菸，對老婆、母親等家中女人一年辛苦表示謝意及敬意，不僅顯現卑南族人的兩性地位，也表現出卑南族男子對老婆的體貼。

在現場遇見了認識多年的朋友，她們一直不計代價的持續投入，才使得部落文化得以傳承下來，對於她們長年熱心奉獻部落，我始終抱持著尊敬的態度。和她們閒聊之下才知道，原來另有一種使命與心情催促著，因為她們從小在這裡長大，下了課在這裡和朋友一起玩耍，在這裡摘野果，這塊土地有著部落族人的回憶。

「雖然土地被徵收了，但是這些記憶不會消失，這也是部落無法抹去的情感。」她們說。

（二〇一三　台東南王部落）

12. 千元毛巾

朋友桌下放著一個手提袋，裡面堆疊了一些用透明絲袋包裝好的折疊毛巾，問他做何用途，他說要送到教會去。見我們好奇，他順口問了一句：「有沒有多餘的一千元毛巾？」一千元毛巾長得什麼樣子？同事們一時會意不過來。

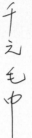

原住民族在舉辦祭儀時，毛巾是必備的物品，有時候綁在頭上，有時候攜帶在身上，在勞役或活動中方便使用。卑南族知本、東排灣族太麻里部落的毛巾則有另一類用途，於小米收穫節祭儀中，跳起「普地卡」舞是族人最重視的儀式，年輕人手拿摺扇或毛巾跳著特殊的蹲跳舞步，巡迴部落中重要人物如祭司、青年會幹部家傳達訊息，為部落族人祈福並與族人同樂。

知本部落裡流傳的說法，當「瑪法琉」家族頭目「應未」在位時，影響力遍及東部區

跳著報信舞的排灣族青年
Agant 2000

域，東部各部落必須向其納貢，由於貢品實在太多，都堆積在山腳下，「萬沙浪」（青年人）爭先下山搬運物品，而年輕人跑下山的姿勢，顯示出十分矯健的身手，演變為獨特的普地卡舞步。

現在普地卡舞不但是成年禮儀式上的項目，部落藝術家們也紛紛以木雕、刺繡等藝術創作手中高舉毛巾跳舞的青年人造形，近年來已成為部落文化的代表圖像。

朋友說，他指的其實是一般參加喪禮告別式後拿到的毛巾啦。因為部落裡有許多小朋友是單親家庭，或者父母親到都會去賺錢養家，留下孩子與祖父母同住，生活照顧不很周到，因此許多小朋友下了課都喜歡到部落裡的教會與同伴們一起玩，一些年長的哥哥姐姐們則會幫忙照顧或者溫習學校功課。

很難想像有些小朋友連換洗衣物都很少，因此教會經常爭取各種社會資源協助家庭經濟弱勢的小朋友們。日前牧師向朋友問起蒐集這種一千元的毛巾，雖然它們都是新的東西，但社會上有些人顧忌使用，教會沒有這些禁忌，且不使用實在浪費資源。

只因為朋友的一句話，同事們回到自己的座位，紛紛把抽屜內放置的千元毛巾統統找出來，很快湊滿了那一個提袋。辦公室裡的動員，讓朋友綻放出笑容：

「我們原住民信仰不一樣，不怕漢人的喪禮禁忌啦！」

一種毛巾，在不同場合有不同的詮釋與用途，部落文化的內涵豐富了毛巾的角色，但是實際上，部落裡弱勢小朋友們的需求，也許是隱性且更迫切的。

（二〇一三　台東南王部落）

12 部落共舞

舞台上的比那斯基（下檳榔）部落樂舞團隊表演著卑南族歲時祭儀、傳統歌謠，舞者毫不畏懼的貼近群眾，在台下觀眾面前表演「大洪水」歌舞劇；無論動態、靜態，傳統、創新的樂舞節目，都讓觀眾目不暇給，掌聲、歡呼聲不斷。

從四歲的小露丹到六十七歲的孫嬤嬤（卑南族語祖母之意）都可以上場表演，老老少少舞者反映出部落裡真實的狀況，這也是史前館強調部落的樂舞推動著重傳承與教育，與一般觀光或商業演出性質不同的地方。

博物館自二〇〇四年起以原住民社區、部落為主體，發展傳承各族群傳統樂舞，共計扶植涵蓋阿美、排灣、布農、魯凱、卑南、雅美等六個族群，包括兩個核心（比那斯基、達魯瑪克）部落、七個夥伴部落團隊，藉著推動樂舞，與部落一起共舞成長。

我們帶著比那斯基部落樂舞團隊到台南都會演出時，坐在台下的觀眾私下談論：剛剛在洗手間碰到那位小朋友，問她幾歲，她說四歲。小小年紀就勇敢上台，真想看看她能不能跟得上其他族人……。小露丹沒有讓觀眾失望，舞步相當準確，雖然有些時候與大哥哥、姐姐圈手舞蹈時，小小身子不免要被騰空拉起，反倒因此而讓現場觀眾發出會心的微笑。

當「我們是同胞」伴奏樂聲響起，特別設計出「與君同樂」時間，比那斯基部落成員下場邀請觀眾一起加入舞圈，大家手牽手一起學習簡單舞步共舞；小舞者則與湧上舞台年齡相近的小朋友們高興的攜手唱跳，舞台上下完全融化在部落的歡樂情境裡。

回歸到部落樂舞展演，隨著比那斯基部落文化樂舞團到牡丹（新保將）部落進行交流，當彩排熱身的撼動木杵聲響起，幾乎上、下牡丹村的居民都聽見了，居民們走出屋外說：「我們知道今天晚上台東來的要表演。」參與演出的牡丹國小小朋友則說：「我們要和卑

南族小朋友ＰＫ賽哦。」

夜晚的演出，是村子裡難得的盛事，幾乎全村老少相偕熱情出席，很多是姆姆和小朋友，擠滿了公園廣場座位。整場節目，不時聽見長者們動容的讚嘆聲，看到比那斯基演出舞劇「祖靈，請賜我雨水」、「靈的故事」，內容中無論是卑南族傳統歌謠與舞步重現，或是新穎的舞台服飾和妝扮，都讓在場的媽媽們讚許：「啊，原來原住民的歌舞也能這樣表演呀！」

牡丹鄉長特別前來共舞，他說：「卑南族出了許多有名的歌手，像張惠妹、陳建年，今晚我們有一個良好的機會直接和卑南族樂舞團體交流，他們表現好的地方，我們應該向他們學習。」表演結束時，姆姆主動邀請前來表演的比那斯基成員和全體一起共舞，姆姆說他們直接以吟唱歌謠和舞步來表達感謝之意，一首接一首，很多旋律聽起來熟悉，但卻是用不同的母語唱出，歌聲、笑聲劃破了部落寧靜的夜晚，久久未散。

（二〇〇八　台東比那斯基部落）

14. 造舟秀

蘭嶼島上漁人部落靠近馬路一棟新建的兩層樓水泥屋子，看得出外觀剛拆下板模，粗糙的牆壁未經粉刷，從鐵門望進室內，一位老者十分專心的工作，地上的拼板舟已進行完船身龍骨的基礎骨架。

造拼板舟在當地是一件大事，雅美（達悟）族男子相信一生中必須要完成一艘船，才能成為真正的男人。造舟的相關規範也很多，過去都在單獨的工作房內製作完成，現在部落居住環境改變，已無法容納太多的傳統生活空間。

我不請自來走上前去，小心翼翼的問坐在木凳上的老者：「我可以看您做拼板舟嗎？」老先生搖著頭，繼續磨著他手上的木釘子。

大約看我沒有立即離去的意思，他含糊的說：「很多觀光客都付一百元給我。」我拿

Agent 2011

給他一張百元紙鈔，他接過鈔票，隨手丟在船龍骨上，顯得毫不在意，持續他的工作。我問他可不可以拍照片，他點點頭，於是我拿起相機邊拍邊和他聊天。「這是您的船嗎？」「這是為觀光客做的。」「它是一人座的。」近年來蘭嶼島上流行體驗划拼板舟，相信這也是為迎接觀光潮而準備的。

拼板舟工程一旁放置了幾塊削好的有弧度的船板，老者細心丈量距離，然後放進木釘，接著把船板鑲入。這些工作原來僅靠一把斧頭，現在有各類工具輔助，如鑽孔機、打磨機等等，老者說，有了機械，工作起來方便多了。他邊說邊拿起大石塊敲擊，將木釘與船板釘牢，船身的板塊銜接也仰賴樹脂，和傳統工法使用木棉來防水顯然有些差距。

這種改良型拼板舟製作的目的，並非為了下海漁獲，而是為觀光客服務，島上的達悟族人已經逐漸能夠接納。既是如此，我問他船身要雕刻花紋嗎？要舉行下水儀式嗎？老者毫不猶豫的說：「要！」雖然和現實妥協，但是仍不悖離傳統，好像是現代達悟族人的共識。

工作告一段落，他站起身伸懶腰說：「好累呀！」逕自拿起鈔票往對街的小雜貨店走去，不一會兒，手上多了一瓶保力達，回到造舟的屋內，準備好好休憩一下。工作完成了，似乎付一百元的代價，觀看一場造舟表演也只能到此，於是我向他道謝，離開了他的新屋。

（二〇一一　台東蘭嶼漁人部落）

龍蝦泡麵

15.

蘭嶼椰油部落的清晨，天空陰霾未散，街上行人稀少，偶爾呼嘯而過的機車，有半數以上是外來的觀光客。我在熱鬧街區一家早餐店悠閒的用餐，吃著熟悉的蛋餅加豆漿。眼望窗外，部落的船澳就在斜坡下，連續多日的壞天氣無法出海，兩三艘拼板舟泊在沙石岸上，出入口成了一群羊占據的地盤。

正想著很難體認達悟族人的晨間生活況味，一位達悟族老人臉上掛著笑容、緩慢的走上坡道，手上提了一只頗有重量的尼龍袋子，來到店門口，一面以高亢聲調談話，表示自己夜晚下網漁獲豐盛，一面打開袋子，展示滿袋以草繩綑住的龍蝦，交錯層疊舞動著牠們的鬚根。豐收的畫面吸引了附近的婆婆媽媽們圍聚過來，大家紛紛評頭論足，「很久沒有看到這麼多龍蝦了。」「會是這幾天的東北季風讓龍蝦都跑出來了嗎？」

島上熟識的蘭嶼朋友向老者分購了兩斤，說是要讓我們品嚐剛上岸的蘭嶼美味，盛情難卻之下，就讓朋友在早餐店的廚房當場料理起來，簡單的以薑絲滾煮後，一鍋的龍蝦立刻上桌，一人可以獨享一隻從頭到腳完整的龍蝦，我的早餐成了奢侈的龍蝦餐。

我很少吃龍蝦，尤其是在餐宴時吃的冷凍龍蝦，往往讓我事後身體過敏發癢，但是擺在眼前的新鮮龍蝦，實在抵擋不住它的誘惑，當口中嚐到甜美的蝦肉，一碗鮮蝦湯入喉，真是人間美味，早已將過敏拋在腦後。

事後，我津津樂道這頓龍蝦早餐，達悟朋友笑著說：「蘭嶼人流傳一個笑話，在當地沒什麼食物，早餐都吃龍蝦！」另一個朋友則說了一段讓人狐疑的龍蝦故事：

當第一次有泡麵進入蘭嶼時，沒人看過或嚐過這麼香噴噴的美食，達悟人向外人說，我以龍蝦跟你換泡麵。在以物易物的傳統社會裡，這種思維並不稀奇，只是資本主義的商品可以氾濫，蘭嶼的龍蝦卻無法毫無限制的濫捕，我問年輕的達悟人，現在怎麼吃法？他給了我一個頗讓人玩味的答案：「龍蝦泡麵。」

（二〇一一　椰油部落）

蘭嶼老者捕獲的龍蝦、青蝦，成為我們美味
的早餐，很少有這種機會的
Agent
2013.5

16. 寂寞的打魚人

蘭嶼朋友帶著我們走他平時潛水打魚的路徑，車子停在環島公路邊，橫過一大片草原，他說小時候就經常到此地玩，有時候跟著父親一起去抓魚，有時候割茅草回去更換屋頂，充滿著各種回憶。

現在他常常獨自在凌晨去潛水打魚，摸黑走過這片草原，來到礁岩密布的岸邊。朋友指著六十度以上的礁岩斜坡說：「我常背著十數公斤的漁獲爬上岸！」那個地形看起來，崎嶇不平的岩石，加上深不可測的海蝕洞，人要爬上爬下恐怕都有很大的困難，何況身上還要背著漁具漁獲？

我問他一片漆黑的世界，如何在海中摸清楚方向，還得進一步抓魚？他說，這一片海域，出海的蘭嶼人都知道哪裡有礁岩、海溝，哪裡有急流，掌握得一清二楚，靠的全是經驗。

他說，在大自然中學習是達悟人從小的生活和習慣，但成長的年代卻是學習混亂的時期，面對民國政府實施的義務教育，雅美（達悟）小孩有著適應上的困難，課本上讀到「清晨太陽爬上山頭，日落太陽下山」，但在蘭嶼卻沒有這種經驗。在蘭嶼，日出時紅通通的太陽從海面上跳出來，把海面染成一片金黃。

課本上說「天這麼黑，風這麼大，爸爸捕魚去，為什麼還不回家？」但他實際的經驗是和同齡玩伴躺在乾淨的海灘上，等爸爸的拼板舟抓魚回來，在遠遠的海面，大家爭相辨認自家的船，從來不會搞錯，那幅乾淨的畫面和記憶令他十分懷念。

現在飛魚季一來，族人捕魚方式改變了很多，以往從部落船澳划拼板船到傳統漁場需要八十分鐘，但是現代的機動漁船只要二十分鐘就到了。不管抓飛魚、釣鬼頭刀，大部分的族人會用比較方便的方法進行漁獵，像他們堅持以傳統勞動方式抓魚的，「部落裡也僅剩下三個人而已」，他說：「在海上很寂寞！」

朋友說：「三個傳統打魚人，年紀都是四年級的。最近每次去潛水都覺得累死了，以前十公尺的潛水，浮出水面吸一口氣只要三秒鐘就可以再潛入，現在大概要三分鐘，休息

他的造型最引起我的注意

Agent
2001.

2001年胡蒙的沙豬下化
跪著傳統跪覺的男士卻充滿
已經不會

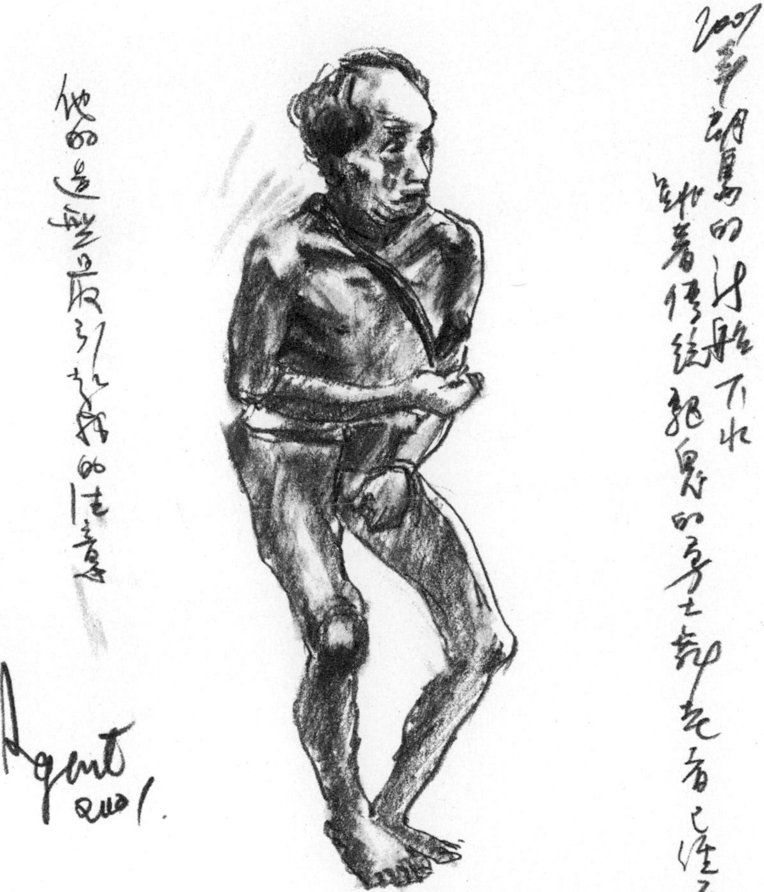

夠了才能再下去，不知道這種體力還能維持多久？」

他也憂心傳統方式會在他這一代消失，但是「海一直都在，就看人怎麼解釋。」他深深吸了一口氣：「只要一兩個人擁有傳統勞動的記憶，看了很舒服就好。」

（二〇一一　八代灣）

芋頭田．榕樹會走路

蘭嶼島上的田園似乎很少人為的施設，台灣島上為了防蟲害特別架設的網室、噴灑農藥，或是為了讓作物生長順利的棚架、支柱，此地幾乎看不見；倒是芋頭田與一般作物不同，特別用竹木圍籬隔著。芋頭是居民重要的食物來源，男人出海抓魚，婦女們平時就負責下田工作。

島上的朋友說，他要下海抓魚，還要到台灣工作，偶爾在家坐在涼台上發呆、放空一下，耳邊就會聽見老婆碎碎唸，得不到一刻清閒。我問他老婆為什麼唸你？他說：「男人可以動時就要出海抓魚，怎麼可以待在家偷懶，要不然也可以下田去將芋頭田的籬笆圍好。」

我說：「芋頭田不都是一塊塊以田埂分隔好好的，為什麼還要特別圍籬？」

縫製傳統服飾的雅美族婦人
2013.

「芋頭會走路！」他說：「如果不圍籬，豬會來吃。」

蘭嶼人養的迷你豬通常不圈養在豬舍裡，平時都採放牧，任由豬隻四處覓食，也難怪朋友老婆會在意，要求自己丈夫有空就要顧好自家一畝芋頭田。

曾經在布農族領域的森林，當地朋友特別介紹一棵神奇的大白榕樹，他們叫它「會走路的樹」。白榕長在茂密的森林裡，歲月在白榕身上留下了痕跡，長滿了盤根錯節的氣根，形成一片壯觀的屏障。

朋友說，傳統上布農族人生活與森林密不可分，森林就像是他們開設的「銀行」，裡面的動植物資源循環生息，取之不盡，有野生動物可以抓，也有野菜植物可以採摘做為平日食物，樹木還可以大到蓋房子、桌椅，小的製作碗盤等日常用品，幾乎與生活息息相關。

此外，許多習慣也與自然地形、地物結合，白榕往昔就是族人的土地天然界標，用來區分氏族的土地，樹的一邊為一個家族獵場，另一邊則是屬於不同家族所有。

但是白榕不斷生長擴張，新長出的氣根已全然覆蓋原有的主幹，新的樹幅超越了原有範圍。「兩個家族還因此而打架！」朋友說，引起土地面積大小的糾紛是一回事，重要的是從白榕延伸出去的範圍，影響家族獵場的狩獵區域，「樹又是自己生長走路的。」頗令人傷腦筋。

（二〇一一 紅頭、鸞山部落）

18. 海嘯來了

日本三一一地震引發大海嘯半個月後，我來到蘭嶼，和島上的達悟朋友在海邊咖啡店閒聊。這種店開始在島上流行起來，新的休閒方式多半是為了觀光客需求，達悟人並不一定認同，反倒是幾個好友坐下扯淡，喝點小酒，比較實際。

幾杯下肚，大夥談起這次的海嘯，微醺的達悟友人聽完發出爽朗的笑聲說：「蘭嶼人不怕海嘯！」我問他日本海嘯時，台灣也發出警報，蘭嶼人怎麼因應？他愣了一下，故作氣惱狀：「都是在台灣工作的孩子，打電話回來，叫我們趕快看電視，趕快跑到山上。」然後補上一句：「橫貫公路上全部塞車，氣象站都沒地方可以站了。」

朋友臉上恢復一股難以猜測的笑容說，部落裡一位老人家，把六十萬存款現金和家裡藏的黃金項鍊全部領出來，帶在身上逃難；她可能認為海嘯來，存款會被水淹了拿不回來。

沒等到我們笑完，他接著說：「還有一個族人，和大家搶時間，把老媽媽載到氣象站放下，自己跑回來喝酒，酒醉後一覺睡到天亮。隔天弟弟問媽媽呢？才想到媽媽還留在山上。」蘭嶼達悟族人的幽默，讓在場的人笑得上氣不接下氣。

這趟蘭嶼行，原來預定停留三天，偏偏碰上東北季風機場關閉，逗留數日，成了「關島五日遊」。環島多繞了兩次，有機會跟著森林研究學者走蘭嶼的橫貫公路，也爬上位在山頂的蘭嶼氣象測站，正好可以實際體驗一下蘭嶼人的海嘯逃難「經過」。

沿途坡度讓幾個朋友氣喘噓噓，嘴巴仍不停嘮叨，雲層雖然厚，但還偶爾透出陽光的天氣，怎麼飛機說停就停。沒料到一上山，強勁的風速吹得人站不住腳，幾處風口還得扶著山壁方可緩慢前進，小飛機不飛是有理由的。

不管是從山上或平地上看蘭嶼，發現環海的島嶼與海岸共同的地理環境，部落與海面

道場之，涼台，魚干的老友
人生何处無道場，
涼台即道場
魚干的老友
2010.12

的距離都太近了，萬一海嘯真的來了，四周環島公路無處可躲，僅有這條通往高山的橫貫公路，島上居民在倉促決定的瞬間，不論騎車或開車逃難，避難所真的如同達悟友人所說，就只有我們腳下踏的這塊位在山上的土地了？

面對自然災害，達悟族人的嬉笑怒罵之間，也許就把日常生活的智慧隱藏在其中了。

（二〇一一　朗島）

one

two

three

four

太平洋的風

太平洋黑潮暖流拂過台灣海岸，

太平洋的風也吹遍了中央山脈兩側，

山海子民

（泰雅、布農、太魯閣、賽德克、賽夏、魯凱、西拉雅、鄒、邵族）普同受惠，

世代在島上生活、傳承文化，他們血液裡都流動同樣的血緣因子。

19. 尋找文面國寶

在埔里過夜，準備隔天清早搭乘客運車進入台中與苗栗交界的雪山坑，拜訪一位文面婆婆，為了這趟行程，我繞了半個台灣，也特別透過朋友聯絡了當地的友人帶路並協助訪問老人家。

往雪山坑的客運車，一天僅早中晚各一班，沒趕上恐怕就錯過了約定的時間，一大早趕到車站，只有我一名乘客上車，除了沿途只短暫載運幾位上學的小朋友之外，好像整部車子是我包下來的一樣。倒是車子在山區穿梭行駛，隨著人煙愈稀少景致愈美，還可同時欣賞兩旁陡峭的山坡栽種了梨子等多種水果。

終點站到了，只見四面環山，我問司機這裡就是雪山坑了？他答得妙：「車子只開到這裡，往前再走一段路就到了。」我只好下車順著他指的路徑走。約莫過了五分鐘，一名

2013

騎著機車的部落住民在我身旁停下來，問我去哪裡，我說明來意，他好心的載我一程。

我急著聯絡昨晚才電話確認的當地友人，卻發現他的手機居然未開機。願意協助的朋友未曾謀面，僅通過電話，在這個人生地不熟的地方，就算汗流浹背翻遍整個部落也沒輒，只好一邊參觀部落，並試著每隔半個小時聯絡一次。就在打算要放棄時，發現村子裡的國小正在熱鬧舉辦運動會，平時安靜的部落，難得碰上熱鬧的活動，應該是全村聚集的時機，我沒有太多猶豫，直接走到司令台旁，請求司儀為我廣播找人。結果對方真的出現了，並連番抱歉表示，因為運動會他必須負責接送鄰近部落小朋友來參加，所以忘了我們的約定。

等候部落友人把事情告一段落，已經中午時分，我們沒有多耽擱，直接朝文面婆婆家出發。心想期待已久的時刻總算來臨，沒想到車子停在她家門口時，只見門窗緊閉，動手也無法推開，獨居的文面婆婆顯然不在家。友人再次向我道歉，嘴裡嘮叨唸著：「明明昨天還在家，九十多歲的老人家還能去哪兒？」

他看我一臉失望的神情，提出去拜訪另一位織女耆老的建議，我想既然來了，能留下些訪問紀錄也好，便欣然同意前往。工作告一段落後，我請他在部落裡唯一的小吃店吃麵，席間強調自己相當重視這一趟數百公里行程的目的，並懇求他再次回到文面婆婆家，如果她還是不在，我就心甘情願回家。

老人家回來了，我興奮的衝下車，急促的動作令文面婆婆滿臉驚訝。她說，早上去老朋友家探視病人才誤了時間。我早已不在意她的解釋，只注意她那歷經風霜的臉龐，文面的痕跡依稀可見，請求她讓我摸一摸，感受歲月在臉上留下來的溫潤。

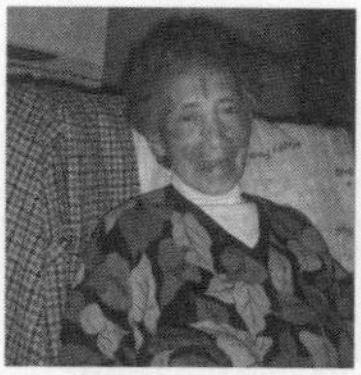

文面婆婆在日治時期依傳統文了臉，但被日警懲罰且受到長期的鄙視，戰後，一度也被恥笑，現在卻成了各界尊敬的國寶，這種大起大落的人生經驗真的十分罕見。離開前，我將準備好的紅包送給老人家，祝福她身體健康，希望她百歲時，自己能夠有機會再來看看這位文面國寶。

（二〇〇六　苗栗天狗部落）

20. 木臼飯桶

一進泰雅族「沙布魯」（汶水）部落族人經營的民宿餐廳，眼光立刻被擺設在走道上的大木臼吸引住，傳統上族人飲食生活的器物，如今架高在四支木柱上。量體沉重且外觀看起來十分穩固的木臼，原以為是室內特別裝飾的文物，待走近一看，木臼裡盛著滿滿的白米飯，我們用餐時就在木臼中添飯，才知道是主人刻意做為飯桶使用。

木臼體積超過一個人雙手環抱，臼體外表上還幽默的刻了一位張開雙臂的族人，兩相對照下，無論真人或雕刻人物都難以環抱，更顯示出它的大容量。木臼的主人是一位木雕家，以雕木臼起家，他說當初因為撿到一大塊櫸木樹頭，不知道可以做什麼，想到木臼代表傳統，所以選擇從木臼做起，沒想到一雕就著迷，連刻了好幾個。

餐廳裡擺放了兩個木臼，其中張開手環抱的叫做「擁抱傳統」，木雕家在意的是文化傳承，而非僅是擁抱食物一途；另一個族人雙手交叉胸前，定名為「包袱」，取傳統有時候也是一種難以擺脫的包袱之意。櫸木樹頭刻完後，曾動用了四個大人，勉強將它抬放在木柱上，從此再也無法移動，現在已成為餐廳內不動如山的飯桶。

隨後，木雕家認為雕木臼不過癮，便嘗試在木頭上加入動態肢體，刻起了泰雅族人物。他的處女作是刻劃一名泰雅勇士，肩上披著披風，右手握著矛，左手持刀，一副威風凜凜的樣子；只不過第一次做立體雕，人物的比例難免不對稱。他說，當時身上像燃燒著一股熱情，一時找不到合適的木頭，甚至在夜晚跑到村子裡的肉商攤位偷了砧板來刻，事後被肉販主人發現，因為作品上還黏著肉屑呢。

木雕家全身上下充滿活力，除了經營民宿，也耗費心血打造工作室，對於未來目標，更是一步步地規劃實踐。現在他的工作室堆滿木雕作品，幾乎全是刻劃泰雅族的習俗與文化，例如，文面勇士、背新娘、扛酒及口簧琴舞蹈等等。工作室的另一面即是民宿的餐廳和客房，他表示，雕刻是原住民自我表達的一種重要方式，但「絕不是吃飯的東西」，像他要不是靠著民宿餐飲來支撐，以木雕創作根本不可能維生。

從大木臼裡舀起米飯，心裡突然湧出一個感觸：傳統未必完全無法當飯吃，從木雕家對文化的堅持與創作空間裡，木臼既是代表傳統，也拿來當做謀生的飯桶，欣賞與實用兼具的功能，其實已在現代社會中找到傳統的價值。

（二〇〇九　苗栗沙布魯部落）

八、織布机的聲音

兩姐妹繞了半個台灣，特地趕到展場，仔細看著櫃子裡端正擺放著老母親的織品，兩人淚眼婆娑。想起母親當年在她們這種年紀時，養育八個子女，家中食指浩繁，每天光是為了填飽肚子就必須耗盡父母親所有的力氣，大姐印象最深刻，整個家庭幾乎是靠著母親織布換來的金錢撐起來的。

老母親遺留的織品，是我花費了一番功夫分別在埔里、霧社找到的。當年每位出嫁的女兒，母親都會特地準備美麗紋樣的織品做為嫁粧，現在僅存的織品都是這麼留下來的。

南投縣仁愛鄉靜觀部落是老母親的故鄉，位處清靜幽美的環境，自然與人文景觀皆獨具風貌，卻因偏遠僻靜，平時部落裡除了偶爾出現少數種水果、青菜的果農外，少有人進出，倒是有一種聲音似乎從過去到現在都沒停止過，那就是清晨織機的聲響。

小時候她跟著外婆學織布，由於擁有一雙巧手和聰穎的頭腦，無論是多麼複雜的傳統圖紋，憑著經驗與想像，都可以在短時間內摸索出來，同時創作出屬於自己的織紋樣貌。為了養家，老母親一有空就坐在織布機上不停工作，好像從不嫌累似的。當時在靜觀部落織布用的原料甚至都是自己種的苧麻，從採收刮取纖維、染色到織成布料成品，皆親手製作不假他人，直到近代材料進入部落後才有所改變。

從留下的織品來看，老母親除了將織布當成生活重心，也經常用織布記錄部落的事務，像織品上出現「我愛國家、中華民國萬歲、經國先生我們敬愛您」的中文織紋，和包括英文字「Taiwan、阿拉伯數字等，這些文字織品，反映出部落在融合外來文化後的具體表徵，無形中也為族群文化變遷留下了可貴的紀錄。

姐姐說，母親不識字，英文字是神父寫給她的，中文字則是參考雜誌或孫子的書本揣摩而來，可以想見當時她如何仔細研究，克服當中的重重困難與失敗，才能夠一線線織出來。織出來的成品，多半是交給美籍神父轉賣給外國人換取生活費，才讓家中子女有機會受到良好的教育。

在現場，兩姐妹對著母親織出宛如跳舞般動態感十足的人像紋，感佩萬分，老母親喜歡創新織紋或向高難度的織紋造形挑戰，這些接近具象的人像織紋，就是以挑織技法織出來的，而現在這種技法在部落裡很難再找到。

母親一輩子辛勞，孜孜不倦於織布，不但換來全家溫飽，傑出的織品更是受到好評，如今能夠公開展示等於肯定她一生的努力。姐姐說：「從小每天清晨聽著母親的織布機聲長大，在天上的母親如果知道自己的織品能在博物館展出，應該會非常高興與安慰。」

（二〇〇六　南投靜觀部落）

2.2. 觀光與織藝

位於烏來的織藝工作坊，四周青山傍水環境清幽，我去拜訪時，一位織女應聲前來開門，她穿著淡灰色上衣與長裙，外罩泰雅族傳統式樣的披風，深藍色布面配合著紫、綠色線條，布邊上端則是紅、白、黑色夾雜的長條織紋，從右肩斜綁至左腋下，剪裁合適襯托姣好的身段，舉手投足之間流露出優雅的氣質，令來訪的客人留下深刻的印象。

室內窗明几淨一塵不染，打開窗就是烏來美麗的風光，住家內特地規劃專有的織布空間，擺設一部高織機，烏來地區的織女就在如此優美舒適的環境下工作，和往日原住民利用水平背帶機坐在地上，腳踏經卷箱織布的光景不可同日而語。

傳統的水平背帶機僅是擺在烏來泰雅民族博物館內展示的工具之一，用來懷想過去老織女們的織布情形；到烏來實地了解後，才得知全鄉只剩下一位七十多歲的耆老織女延續傳統技藝。她傳承下來的工法，經新一代織女們整理研發後，已習慣用高織機製作，取代原來的傳統織具，是以我在當地找尋早期織品的策展計畫已經無法如願，必須修正為蒐集變遷過程中的織品。

烏來地區的現代織藝，事實上與當地的觀光經濟發展緊密結合。風光明媚的烏來，擁有絕佳的瀑布、溫泉等天然資源，加上鄰近台北都會的地理位置，一直是北部地區的世外桃源。雖然因烏來地區接近大城市，各項物質流通迅速，傳統織品受到強烈衝擊，織布文化於日治時期就逐漸沒落，但是近來在觀光推動下，成為烏來發展的主流，也讓烏來織藝得到新的生機。

在烏來觀光整體大環境裡，刻意形塑泰雅族文化，成為織藝訴求的核心。走進烏來泰雅民族博物館，編織是泰雅文化主軸，連貫全館展示，除了相關染織材料、技法及成品外，於假日也安排織女現場動態演示，作品置於館內銷售；博物館更以織女們做為種子教師，設計ＤＩＹ織布教學等活動進行推廣，搭配烏來地區興盛的觀光業發展織藝。

十餘位織女分別在當地成立織藝工作坊，各以其特色經營，無論是以家庭式為主或搭配賣店維生，工作坊就設在客廳、店裡地下室，隨時都能看到烏來織女們利用家事閒餘或看顧生意的空檔時間，全力投入染織創作。平日以開設複合餐廳營生的織女則慷慨提供場地，做為成員聚會、展示成果或作品行銷的窗口，作品更是直接陳列展售，客人也可以訂購作品，達到產銷一貫的目標。

也許是這股觀光與商業風潮的長期薰染影響，初次接觸的烏來織藝印象，是重視織品的創意開發，尤其是附加的商業價值與整體行銷；至於傳統織女堅毅的身影和簡單純樸的美感經驗，強調溫潤的文化內涵及質樸美感的歷程，烏來經驗顯然與其他地區、族群的堅持不完全相同。

（二〇〇六　台北烏來部落）

23. 不是歸人

車過仁愛鄉，朋友提及三十年前認識的一位泰雅族姑娘就住在附近，但是久未聯絡，早已失去音訊。我們一聽到這個訊息，立即鼓勵他去找找看，難得來一趟，就算是看看她的現況好不好，也是一件值得的事。

他很猶豫，沒有答腔，因為此行身負交流任務，他始終秉持個人私事不能影響公事的原則。後來他淡然提到，認識她是在她到後山進修的那年夏天，在偶然的場合她聽到他的歌聲，深深被他吸引，那個暑假兩人幾乎都在一起。

多年的飄蕩，從年輕流浪到都會，步入中年才返回故鄉創業，歷經在都會區裡討生活的艱辛，他靠著美好的歌喉與純熟的琴藝走遍大江南北，遇到過許多大風大浪，內心的委曲不如意，屢屢藉著酒與歌聲宣洩，才能獲得平靜。

後來兩人各自婚嫁，孩子長大後還曾經相互見面，但是人生有幾個三十年，下次再見到她，不知道是什麼時候了。他似乎有些動搖，詢問離活動開場還有多少時間，突然一個念頭閃過，把方向盤一轉，直朝部落而去，在一旁的我們都能感覺到他內心的強烈翻騰。

近午時分，陽光強烈，整個部落靜悄悄的，車子進入街道時，沒有半個人影，僅一隻老狗懶洋洋的躺在路旁。他心想只記得她住在附近部落，但不知道是哪一家，這趟恐怕無法如願了。沒想到突然從小路走來一名婦女，那不就是她嗎？天底下還真有這麼巧的事，這種情節簡直比連續劇還戲劇化。

「啊，你怎麼來了？」她滿臉的驚喜。

「我，只是路過這裡。」他答得心慌。部落的道路再往前已經沒有路了，所謂路過，就只有上山打獵了。

是路過嗎？他很想直接告訴她，卻很難開口，明明都已經是五十多歲的中年人，碰上這種事心情還是很複雜激動。勉強擠出了一句：「妳過得好嗎？」心裡藏著的話，其實是千言萬語……。

晚上，大夥一起喝酒，朋友是大家瞎起哄的對象，三十年的光陰彷彿一眨眼的時間，現實生活中各有家庭，他心裡很清楚，往事僅能留在酒杯裡。隨後他唱起了「我不是歸人，是個過客……」聲音宏亮而滄桑，眼眶中充滿淚水，友人們陪著唱。那是個人生暢快的夜晚，心中的懸念稍稍可以放下。

（二〇〇九　南投仁愛）

讓我們一起盪鞦韆吧

24.

對泰雅族人而言，盪鞦韆在部落裡恐怕是難得見到的事，但在東魯凱族達魯瑪克部落，盪鞦韆已經形成一套完整的文化系統，也是每年部落最盛大的活動。

盪鞦韆的過程從上山到避風山谷（竹子因需陽光才能長直）尋找巨大的刺竹開始，竹竿需要有四十九節，約二十公尺長，鞦韆繩則是找血藤或山藤，砍回部落浸泡軟化，接著就是要架設鞦韆架。

架鞦韆是高難度的工作，四根巨竹首要排列規劃結合點，然後以小竹架支撐，再一步步升高；同時在四根竹的基礎點，挖出大約五十公分深的坑，俟定位後填入土石固定。最後就是巨竹結合並將鞦韆繩垂下，需靠人力爬上固定，非常驚險。

標準鞦韆場約有數層樓高，收穫節當天，由頭目分別在各巨竹根基，吟誦祈福儀式，才正式展開盪鞦韆活動。在鞦韆上的女孩會是各方追求的對象，一般都認為女生盪得愈高，讓男生抱下來，是一種榮譽，也會有姻緣，所以要保持良好儀態，若自己跳下來就沒有行情了；未婚男女可以藉此機會認識，年輕人更可公開邀請喜歡的對象前去盪鞦韆。

女孩子踏上鞦韆藤繩以後，兩名族人各據一邊拉繩來回盪高，俟女孩認為足夠高度，會以手部肢體語言傳達，男生才緩緩放下。停止後，男方再將女孩抱下，並送回女方家長面前，也象徵年輕人向長輩表達禮貌。習慣上，女孩若願意接受男方的盪鞦韆邀約，就表示對男方有好感，日後更可進一步來往。

二〇〇九年，我們邀東魯凱族達魯瑪克部落到泰雅族訪問，行前就計畫將原汁原味的架鞦韆活動，搬到汶水沙布魯部落真實重現。除了利用當地竹材架設鞦韆外，也複製祈福啟用儀式等整套過程，由隨行的青年團成員「瓦利勝」（魯凱族少年階級）與「卡瓦班沙

沙魯」（青年）們擔綱，在部落長者的指導下，各自分工，有的到附近竹林砍竹子，有的在鞦韆場上丈量挖掘基礎坑，隨後會合共同架設鞦韆架。雖然人數多為瓦利勝，且所需的工具材料不齊全，但是族人能夠克服各種困難，熟練的在泰雅族土地上，搭起東魯凱族的鞦韆。

沙布魯部落老少族人也換上泰雅族傳統服飾坐在座椅上等候，他們看著團隊井然有序的分工，既合作又有效率，不時流露出羨慕的眼神，幾個小女孩們不時交頭接耳，竊竊私語：「男生穿短裙吔，好奇怪！」也有人笑著說：「動作好快，好酷喔！」

隨後由同行的長老們代替頭目進行「巴利西」祈福儀式，男女青年接著呈現鞦韆啟用、歌舞吟唱等完整的儀式；他們對盪鞦韆的謹慎態度，讓在場的泰雅族人心中暗自佩服，在一旁頻頻稱許。最後，看到男女生一起盪鞦韆，一些泰雅男青年還在場外高喊著：「留給我們，我們也要請女孩子盪鞦韆。」

（二〇〇九　苗栗沙布魯部落）

生命之頌 25.

二〇〇九年四月一個飄著細雨的上午，海端鄉布農族文物館前廊散播著傳統巫師的祈福聲。這是布農族巫師「席娜・阿布斯」帶領一群年齡六、七十歲以上的婦女所進行的一場生命之頌，老人家們用盡力氣，十餘分鐘的祈禱文全場肅穆寧靜，深怕一個呼吸打擾中斷了儀式，迴盪的音調讓在場的人感動。

八十六歲的席娜・阿布斯是鄉內公認巫術法力最強，也是受過傳統巫師訓練僅存的一位。年輕時她曾向花蓮卓溪、台東海端及延平鄉等地巫師學習，集眾巫師之精華，施法項目包括招魂、醫術、祭典祈福、失物找尋及天候氣象等，日治時期受到禁止，光復後才又展開巫師工作，但在環境變遷下影響力已大不如前。

席娜・阿布斯使用的法器為刀器、竹杯及葫蘆、帕丹（五節芒），通常以芒草治病，

盡可把其餘的簡化了
抓住布農老巫師施法的神情與感覺
Agent
2013

以竹杯盛酒請祖先享用，並協助驅除惡精靈。若病情較嚴重，就必須使用刀器，巫師在病患的頭部上方，相互磨擦和交叉刀器發出聲響，配合口裡不斷唸著咒語，以趕走帶來疾病的惡靈。

席娜・阿布斯用五節芒進行施法，身子由婦女們扶持，手上握著一束芒草，將分支的芒草葉分散給圍在身邊的老婦們。她吟誦著經文，身子微微擺動，加上原本就因老邁而晃動的身體，讓現場族人擔心她隨時會倒下來，幾位年輕人已在一旁守候，一有狀況隨時救援。

巫師拚全力吟誦冗長經文，幾位老婦握著芒草尖端，跟著搖晃身子適時加入複誦，好像藉著經文聲調，老巫師透過芒草將能力或法力傳遞出去與大家分享，共同完成一場高齡「千歲」的盛會。

後來有一位高齡老婦用盡了力氣不支倒地，年輕人立刻背著下場送上救護車。面對這個不令人意外的結果，並沒有影響到整個儀式的進行，布農巫師與老婦們對傳統的堅持與珍惜，再一次讓在場的人動容。

這場公開的表演，主要是當地族人自行在文物館策展的開幕活動，展示日治時期南橫布農族人被徵召到南洋充當軍伕的故事，族人分別用傳統巫師祈福及寓教於樂的表演來展示他們部落的歷史和文化。

布農族人英勇善戰且膽識過人，因此被日軍用來擔任軍隊的苦力工作，當年不少部落青年被徵調後，能夠平安返回的寥寥無幾，戰死異地的魂魄難以歸鄉，這段血淚一直是族人心中的痛。

但是對身上流著獵人血液的族人而言，習慣縱橫天地之間，這場生存之戰只是從獵場轉到沙場罷了。族人以放下仇恨、不忘記歷史的心態來面對，藉著回顧部落的這段歷史，自行編導出一齣戲劇，場上的日軍與軍隊演員都是族人自行擔綱，寬大不合身的日軍軍服、軍帽與湊合用的武器道具則是臨時借來的，但是操練起軍隊的基本動作和唱軍歌、答數演出趣味橫生，搏得現場的歡笑聲不斷。

展演之間，布農族人始終流露著沉穩與風趣的性格，不僅扮演著自己，也調侃了日本軍國主義的不當，帶給他們難以撫平的傷痕。

（二〇〇九　台東海端部落）

26. 遠方帆船來的人

東魯凱族達魯瑪克部落與荷蘭人接觸，約可溯自一六四七年間，據《熱蘭遮城日記II》的記載，荷蘭派駐卑南指揮官傑・詹士・瓦・丹巴赫有意以武力屈服不順從的知本、達魯瑪克部落，四月一艘「柯雅」船裝載戰爭所需的各項用品到後山，聯合卑南社展開圍剿。到了十月二十一日，因為戰亂加上饑荒，達魯瑪克人都逃到山裡避難去了。

三百六十多年的往事悠然而過，達魯瑪克部落早已遺忘了這段歷史，當二〇一〇年荷蘭駐台代表提出交流的意願時，我原以為是一般的聯誼活動，沒料到部落裡盛情準備，以隆重的儀式款待貴客，就像是迎接失散多年的兄弟返鄉。

那天天氣陰霾，儀式進行半途下起雨來，但大雨並未澆熄族人熱烘烘的心情。達魯瑪克部落包括頭目以下長老及族人均盛裝出席，從入祖靈屋祭告、小米酒祭祀祖靈，然後大家圍坐在一鍋小米粥前，用竹匙一同共享小米粥，表達認同與團聚，完全依照傳統遠方親人回到部落團圓的禮儀。

一個出生歐洲、受西式教育養成的外交官，一生走遍世界各地，想必也接觸過不少民族，在他臨退休前夕，卻選擇重溫數百年前祖先曾走過的路，拜訪僻遠的小族群，傳達友善的態度，這種作為恐怕也是外交界所罕見，這份心意應是讓達魯瑪克部落人珍惜的原因。

荷蘭代表學習魯凱族人以小米酒和小米粥敬天、敬地和敬祖靈，就是這種尊重大自然的生活態度，涵養了魯凱族美好的生態環境與文化。他說，能夠獲得進入祖靈屋祭祀意義深重，達魯瑪克部落視他為家人，他感到很榮耀，雖然三百多年前，他的祖先與中央山脈西邊的霧台、茂林魯凱族發生過戰爭，也跟東邊的達魯瑪克部落有過恩怨，但是他分別拜訪了這些地方，重新認識也得到友誼。

Agent
2002.8

頭目夫婦親自為荷蘭代表穿戴魯凱族傳統服飾，此時雨勢轉大，在旁觀禮的我們紛紛躲到帳棚下避雨，但外頭的儀式並沒有停止，致贈的背心、勇士佩刀及禮帽依序披上，象徵同一家人，有同樣的面容。荷蘭代表幽默的說，達魯瑪克部落贈送佩刀給他，代表不會砍他的人頭了。有趣的是，荷蘭代表回贈一幅裱框的半立體帆船模型，表示當時荷蘭人就是搭乘這種船來到台灣這塊土地，接觸了此地的人民。

佩刀不再砍人，現在成為禮刀，帆船也只剩下模型，無法載運槍砲入侵，當年達魯瑪克部落祖先與荷蘭人合演的歷史記憶，隨著合飲連杯酒，雙方的情感重新連結起來，而我也很高興見證了一場難能可貴的族群互動新頁。

（二〇一〇　台東達魯瑪克部落）

27. 祖靈再見

二〇〇四年，我從台北蘆竹護送一批達魯瑪克部落早年的板雕文物回博物館展示，費了很大的功夫將它們包裝妥當，以設備齊全的氣墊車上路。沿途除了休息時檢查封條外，我不斷提醒搬運的工作人員要謹慎，因為我們載送的是原住民的祖先。他們一臉疑惑，心中可能猜想，如此強調未免太不相信他們的專業了。

這批文物在一九六七年離開東魯凱族達魯瑪克部落後，流浪異鄉，最遠曾赴歐洲等地展示，時隔三十七年終於返回故鄉展出。為了迎接尊貴的板雕，達魯瑪克部落頭目親自帶領族人前來迎接，在展出結束歸還之前也特別再來送行。當博物館依昔日板雕環境加以復原展出時，現場氛圍全然不同，族人說，一進到展場就感覺到有一股「席阿得蘭」（靈氣附身），很難想像早年長輩常提起的祖靈和部落信仰的太陽之子（司麻拉賴）、尊敬的女

輕撫祖靈雕像這個動作讓我很感動，使達人與神之間的
心靈相通
2013

巫（塔拉班）板雕重現在眼前，就像回到祖靈身邊一樣。

頭目還將事先準備好的祭品——以竹籤串起來的肉片，擺放在「魯母東」（祭台神位）祖靈「阿拉里」面前。阿拉里是達魯瑪克最重要的頭目，這座高四百六十一公分、寬八十五公分的板雕，原放置於集會所右側中央位置，直立撐住屋頂的主柱，雕刻的是人像紋，頂上頭冠刻著「蘭依」（菊花）和「席瓦雷」飾物，額頭上鑲著一排貝殼圓片，象徵能力高強的祖靈。

接著他再以竹枝串珠的祭拜物進行祭祀，口中唸著祭文，不時中斷用手擦拭淚水，在一旁的族人也都感受到那份傷感，年輕輩族人甚至感動得整場低泣。頭目的祭文大致是向祖靈祭告，這次回到地方但是仍沒辦法返回部落，身為子民十分慚愧與不安。展畢祖靈仍要拆遷回到原來「依阿西瓦瓦」（供賞）的地方，祈求祖靈原諒，同時請祖靈無需感到驚擾，並保佑工作人員安全回家。

頭目也向祖靈報告，部落正在重建會所，希望祖靈給予力量早日完成，也讓子民能夠有一個心靈的寄託。他表示，會所內祖靈雕刻之所以變賣流落他鄉，主要是因為當年興建社區使用的活動中心，拿不出配合款，才想到將木雕賣掉籌措經費。目前部落正在努力積極爭取用地，以便重建會所。至於這批木雕也已在社區內大南國小的文物展示中加以重製，並且放置於戶外當做公共藝術品。

簡短的祭祀儀式後，頭目向在場族人訴說雕像的意義，族人擦拭著淚水，年輕輩更是上前輕撫流動在他們血液裡似曾相識的祖靈，好像在心裡不斷默禱著「祖靈再見」。

數天下來，一起工作的搬運人員在一旁觀看整個過程，面面相覷，然後對著我微微一笑，輕輕地說，他們明白我話中所說的意思了。

（二〇〇四　達魯瑪克部落）

28.

異鄉的嫁粧

賽德克族春陽部落的織女耆老向我展示她的織布機「烏繃」，據說已經傳承了一兩百年。工作時，隨著主人家的動作，織布機仍然可以發出渾厚的「繃、繃」聲，織布使用的綜棒、緯刀等，留著長期磨擦後的油油亮光，彷彿還可以聞到主人的氣息。

織女的母親、祖母，甚至往前推到四代母系，都一直傳承著織布的手藝，目前家中還保留著祖母親手織的珍貴織品，特地裱框掛在客廳做為紀念。織女八歲時在母親的教導下開始學習織布，至今已超過七、八十年的光陰。問她累不累，她說：「很好玩！」每天最喜歡做的事就是坐下來織布。

一有空就織布，經常一工作起來，忙到凌晨兩、三點，一直持續到現在，雖然已屆高齡，仍沒有停下來的打算。織女自己開了一家工作室，製作傳統、現代賽德克服飾，開發富有族群色彩的手提包等實用工藝品，也在學校、社區傳授技藝，整天忙得不亦樂乎，已成為部落的「工藝之母」。

織女說，賽德克族的織布圖紋代表是菱形紋，這個紋飾象徵祖靈，很多織品都用這個圖案。但現在時代不同了，新的織布圖紋比較有變化，例如她喜歡用蝴蝶紋，老人家說過蝴蝶進門來會很有錢，她的蝴蝶紋織品就吸引很多客人進來參觀。

以往在部落織布的規範很多，女孩子不懂織布就不可能嫁人，男子不能隨便碰觸織布機，否則打獵會空手而回。織女平靜地提到，她的女兒嫁給外國人，有自己的工作，無法傳承家裡的織布傳統，語氣中聽得出帶有一絲絲的惋惜，不過馬上話鋒一轉：「丈夫已經不再狩獵，可以幫忙做一些小手工藝織品，應付客戶需要。」

Agent
2012

織女提到，女婿是外交官，女兒出嫁時，她將另一套媽媽留給她的織布機當成嫁粧陪嫁過去。女兒一家現住美國，她到美國探視孫子時，一家人或工作或讀書，沒時間陪她，女兒的嫁粧烏綳就成為她在異鄉打發時間的最好工具。每次坐在烏綳前工作，她會想起她的母親、阿嬤，或者阿嬤講述她小時候遙遠的阿嬤曾經告訴她織布的故事，想著想著，她會以為自己就坐在故鄉織布……。

（二〇〇九　南投春陽部落）

原刊載於二〇一一年六月二十九日《聯合報．家庭版》

29.

部落裡的紅燈籠

「嘎嘎歐岸」（八卦力）部落給我們的第一印象是青翠的林木環抱，嘎嘎歐岸的賽夏族語即赤柯木生長的地方，頗能符合清幽的居住環境之實。聚落平房座落林間，每棟屋子幾乎都以竹子建造或裝飾，同時繪製著賽夏族常用的朱紅色彩和菱形紋，看得出來營造屬於賽夏族自己空間的用心。

我們來了一輛遊覽車的團體成員，預定住宿一晚，部落居民合組了一個協會，負責調度、整合民宿、餐飲資源，相當於整個部落都動員起來，居民們也不諱言表示，發展民宿觀光是他們近年來努力推動的目標。

我從住宿地點出來閒逛，比鄰的瓦屋廳內透著神明燈座的紅光，我請求入屋看看，應聲出來的是一位賽夏婦女，她客氣地請我進去。我發現兩盞神明燈中間，供奉著一塊以漢字書寫的祖先牌位，婦人說，牌位在她小時候就已存在，從來也沒覺得異樣。

在部落裡不經意發現一座土地廟，引人好奇。它與一般常見的並無多大差異，紅瓦白牆建築，廟前放置一座金香爐，裡頭供奉福德正神；比較特別的是廟內牆壁上，以大紅漆寫著一副對聯「福賜吾部落吉慶德佑里民富　正直開發財永盛神護鄰康安」，明顯看出以「福德正神」對仗的用意，卻也點出在「部落」因地制宜的做法。

族人說土地廟是客家人開發此地時留下來的信仰，賽夏族人延續了廟的香火，並未隨著當年開墾的異族離去而棄置，廟裡懸掛的兩塊木匾上書寫的捐獻名單，留下許多「楓、日、豆」等屬於賽夏族人特別的漢姓都是證據。當地長期以來，客家與賽夏族群互動接觸頻繁，是另外一種獨特的人文景觀。

晚上，我們在屋外裝飾著竹子和漆著朱紅色菱形圖紋的小吃店小聚，店家以賽夏語拼

音的漢字為招牌，兩旁還特地掛了兩盞紅燈籠，主人一口流利的賽夏語和客家話，他說年輕時在苗栗工作，和客家人接觸多了而學會客語，還說許多賽夏族人都會講客家話。主人提到，不談別地，他的部落多元族群融合無法避免，以前是客家人，現在他的媳婦是印尼嫁過來的，她講的母語中，幾個數字發音還跟賽夏族語一樣呢。

夜幕深垂，我們邊喝邊唱著原住民歌謠，連主人家都說很久沒有和這麼多朋友一起盡興了。最後實在不忍心破壞嘎嘎歐岸部落的寧靜，我們靠著屋外兩盞紅燈籠的餘光，步履蹣跚地往回走，店家好心等候我們走近住房，才將燈光熄滅。

（二〇〇九　苗栗嘎嘎歐岸部落）

臀鈴的家

30.

我們到賽夏族的土地上以歌舞會友，族人拿出經典的「巴斯達隘」（矮靈祭）歌舞，一出場，幾個小朋友手牽手，前後搖動身上的臀鈴，發出輕脆的聲響，全場配合著大人們舞動肩旗，並吟唱歌謠，時而低沉時而高亢的音調，似乎在呼喚著遙遠的矮靈，於夜深人靜時尤其顯得觸動人心。

這趟歌舞交流，事前再三叮嚀同事安排賽夏族的參訪行程時，一定要排入拜訪一位製臀鈴藝師的工作坊。她的手藝早已名聞遐邇，尤其是竹籐編的功夫更是公認賽夏族的國寶級手藝。

果然名不虛傳，走進藝師家二樓規劃的展示空間，竹簍、竹籃及各種編器品琳瑯滿目，她竟然可以用傳統竹籐編技法，在器物上直接編出賽夏族常用的菱形紋、雷紋，甚至於葉

狀植物圖紋，引起眾人一陣陣驚呼。讚賞之餘，又看見甕形器物上，直接編入了百步蛇形圖紋，真是令人驚艷不已；以竹籐為材料，還可以編出高麗菜、花卉等造形，更讓人嘆為觀止，藝師高超的技巧完全展現在竹籐編工藝品上。

藝師對賽夏族特殊的樂器臀鈴似乎情有獨鍾，工作坊內陳列了數個不同材料製作的臀鈴，甚至還有縮小版的臀鈴工藝品，放置在獎座等設計上。藝師表示，臀鈴除了以布料、鏡面及七彩亮珠、亮片製作成版型外，最主要的是可以發出聲響的長條響筒，連結筒體部分有薏米珠、什列克（貝殼珠）、圓珠等，響筒則以竹管、彈殼和銅管為材料，藝師分別蒐集這些材料進行製作，完整呈現出臀鈴的歷史樣貌，述說部落隨著時代變遷，各時期應用不同的材料製作傳統文物。

臀鈴是族人用於矮靈祭時的儀式器物，由於多半在夜晚使用，族人佩戴於臀部，在祭典中舞動，鏡面偶爾反射出月亮的光芒閃閃發光，結合著下襬的筒體發出悅耳的聲響，兼具視覺與聽覺的美感，後來演變為賽夏族著名的代表性樂器。過往未逢矮靈祭，很少將臀鈴拿出來表演，現代部落禁忌比較開放些，我們也才有機會看見賽夏族人用最傳統的矮靈祭歌舞互動。

早期響筒是以箭竹管為材料，現在箭竹比較少，藝師感嘆說只得以桂竹替代。不過，藝師已為臀鈴製作了一個完美的家，不但有非凡的手藝，也保留下臀鈴的傳統和故事。

（二〇〇九　嘎嘎歐岸）

31.

毛王爺

一九四七年二二八事件發生，當時身為卑南族初鹿部落頭目的馬智禮，憑著一身膽識與見識，發動族人保護台東縣長謝真及其外省官員眷屬免受波及，台東縣的傷亡也因而降到最低。

事後，馬智禮受國防部長白崇禧之邀走訪本省南北原住民部落，拜訪重要頭目和族群領袖，安撫原住民情緒，曾經留下與日月潭「毛王爺」握手言和的合照，成為原住民社會重要的歷史紀錄。儘管原住民沒有「王爺」的稱號，但是一九九四年，我在田野訪問馬智禮的孫子馬來盛時，看到了那張照片，一直忘不了那個鏡頭。

二〇〇九年再次到日月潭風景區時，觀光氣氛比以往更盛，「伊達邵」商圈已重新規劃，鄰近的商店街井然有序，伊達邵碼頭水上遊憩設施、遊人碼頭，提供多元表演活動，提升了旅遊的層次，已具有國際級的觀光潛力，風景區內則是人頭攢動，陸客的面孔比台灣民眾更多。

走在伊達邵街道，遊人穿梭其間，四處邵族招牌林立，以邵族頭目、公主為號召的商店和標榜著邵族圖紋與開設的工藝品店、飲料店琳瑯滿目，顯見除了景觀的整體規劃外，當地人文特色的配合，也是觀光發展的要素之一。

避開擁擠的人潮，我選擇第二天清早重返伊達邵，迫切想再見到毛王爺家現在的樣子。走了幾個街道，遠遠就看到一棟外觀突出的四層樓水泥建築，側牆明顯的大字寫著「毛家」，另一旁則是低矮的鐵皮屋建築，一塊大招牌上標示「毛王爺之家」，應該就是這裡了。

當年蔣中正到日月潭休憩，常會來拜訪毛王爺，留下來的合影老照片可以充分說明他們之間的情誼。但我興奮的原因不一樣，關心的其實是毛王爺與戰後台灣原住民發展的一

2011

個歷史關鍵現場。

也許是清晨才剛開店，還沒有客人上門，毛王爺之家屋內光線暗淡，稍顯冷清的氛圍與想像頗有差距。一位看似服務人員的小姐詢問我的來意，我解釋半天，費了一番功夫才得以入內，後來才知道毛王爺之家已經純粹接待大陸客人，突然有個台灣本地人表示有興趣參觀，出乎她的意料之外。

屋內的規劃簡易，以毛王爺身穿邵族傳統服飾的大照片為核心，周圍掛著他與前總統蔣中正、蔣經國父子及國內外聞人的合照及相關紀念物，同時也擺設了一些紀念品販售。大陸客人喜愛了解與蔣中正相關的歷史和人事物，所以是毛家經營的重心，以至於我跟服務小姐談起毛王爺與卑南族著名頭目馬智禮熟識，在二二八事件中及時化解很多原住民的犧牲等歷史時，她瞪著眼睛看我，頻頻搖頭，一副不可思議的樣子。

看到毛王爺之家，有如願以償的感覺，但是離開前看到一輛遊覽車停靠，下來一批喧譁的遊客，不知為什麼我心裡又輕鬆不起來。

（二〇〇九　南投伊達邵部落）

遠揚的杵音

32.

邵族以「杵樂」聞名，日月潭的伊達邵碼頭有一處邵族杵樂「專屬」的表演場地，在木質地板中，以一個圓為軸心範圍，騰出了七、八格空位，特別鋪設了石板，方便婦女在此敲擊演奏。

演出時，八名年長的婦女穿著紅上衣、綠底鑲藍黃紅線長裙的邵族傳統服飾，手持長短不一的木杵，敲擊腳下的石板，發出高低不同的聲調，憑著良好的默契，奏出錯落有致的旋律，十分奇特，其間穿插吟唱悠揚的古調，音律讓人低迴不已。

另一方面卻感覺碼頭上的公開表演，似乎與往昔婦女們圍繞在一塊大石板周圍一起演奏的情形有所差別，像是缺少了彼此互動，讓人悵然若失，難以呈現自然流露的情感和溫暖氣味。

Agent
2012

第二段的演出則完全是另一個畫面，「白鹿傳奇」舞劇述說著祖先追逐白鹿，抵達日月潭這塊水草豐美之地居住的傳說。接著展開邵族的豐年舞，傳達了族人在節日歡慶的喜悅，舞團的舞者們，擁有令人羨慕的專業服飾設計，結合創新的舞步，震撼全場。

這是中外遊客認識邵族文化的主要窗口，邵族的樂舞特色——杵樂也藉著演出得以讓廣大社會欣賞，背後其實是邵族人長期努力，好不容易爭取來的結果，逐步聚合了各界的資源，朝實踐民族自治方向所跨出的嘗試。

邵族民族議會成立的「逐鹿市集」，不但在伊達邵推出餐飲服務，加入固定表演節目，吸引遊客前往消費，以提高族人的經濟收益；日月潭風景區管理單位也投入大筆經費推廣邵族歌舞，成為日月潭風景區人文特色的展演。

我在市集裡走動參觀，與一名中年舞團團員閒聊，訝異於他的身分事實上是布農族人。原來在市集演出的團員多半並非本地邵族人，不是布農族就是泰雅族，真正的邵族血緣團員僅有杵樂表演中的兩、三名老婦女而已，她們的年紀大了，往往演奏完即離開休息。

邵族僅六百多的人口原本就少，扣除出外工作謀生，留在家鄉的族人寥寥無幾可以理解，另一方面，表演團體以委外方式辦理，實際執行上有困難，制度上或許無法完全兼顧保障邵族人，但也使得族群文化傳承與觀光需求之間的關係與平衡點，成為時代變遷下難解的課題。

（二〇〇九　伊達邵部落）

夜祭的歌舞

時序進入深秋的一個夜晚（農曆九月十五日），近八時許，我趕到花蓮縣東里參加平埔文化節活動。進入村莊口，傳來電子音樂伴奏的流行歌曲音調，族人正在熱烈忘我的盡情高歌，間雜著候選人上台高呼支持爭取恢復平埔族文化的慷慨激昂演說。

蓋在馬路旁的「庫瓦」（公廨）外觀是斜屋頂的平房，廣場上圓（供）桌擺滿了族人供奉的祭品，一旁則是一輛舞台外展設計的電子花車，閃爍的霓虹燈在黑夜裡格外鮮明。我們在震天價響的音響中進入會場，到公廨內祭拜阿立祖，大庄的阿立祖牌位以大理石刻裡漢字「阿立太祖之神位」，供奉特殊的竹斗，上披紅色布幔，信奉的壺已改為小酒壺，香爐上除了香，還點了插著桿的香菸，供桌上則有一盤檳榔。

歷史上，西拉雅族人與東部族群早有接觸。一八一九年，西拉雅族頭目杜四孟帶領族人，由枋寮到後山的寶桑，向卑南族購地耕種，後不堪侵擾，再北遷玉里及富里等地，建立大庄等部落。另外，一八五一年，原居屏東赤山、萬金的西拉雅族人也遷移長濱；一八七四年，另一群赤山西拉雅族人則搭船在成廣澳（成功鎮）登岸，在加走灣頭（長濱）墾殖。目前台東縣的長濱、成功、池上及關山一帶分布的西拉雅族人，則是一八八一年水災後所移居。

大庄是花東地區西拉雅平埔族的重要聚落，近年來，族人凝聚高昂的族群意識，努力進行文化復振。為了恢復消失已久的夜祭，部落曾經專程回到台南吉貝耍部落學習祭儀，大庄平埔文化節也因此成為村子裡結合傳統與現代的熱鬧節慶活動。我們抵達前，夜祭當中的高潮「牽曲」剛剛演示完畢，讓我們頗為失望，族人得悉我們特地遠道前來參訪，連連致歉，長老表示兩天的祭儀活動大家都累了，因而提早唱完。

熱情的族人邀我們共同品嚐他們準備的「土豆麥」——土豆糯米飯，這類平埔美食，通常在夜祭後食用以保平安。說著說著，頭戴花環的婦女們，有人起音唱起了「土豆麥」的曲調，大家開始手牽手邊唱邊跳，自然擺動搖曳起身子。歌謠聽起來夾雜著閩南語和西拉雅母語，即興的樂舞愈發顯現族人的自信與快樂。

祭儀即將結束，族人們陸續收拾供桌上的祭品準備回家，電子花車也開放讓族人上台高歌，國語歌、日語歌紛紛出籠，一時之間讓人感覺時空錯置，不知身在何方，但是台下的族人似乎不受影響，依然熱情捧場，隨著音樂旋律拍手起舞，充分享受回歸母文化信仰的愉悅心情。

漏夜兼程趕回的途中，大地四周一片漆黑，夜祭的歌舞猶迴盪在腦際，也許傳統「牽曲」或是環境變遷下的歌謠，抑或是現代流行歌曲，都包融在阿立祖的祖靈庇蔭下。百十年來一直寄人籬下的辛酸，今日始藉著族人努力不懈、好不容易才換來屬於自己的節慶空間，為何不開懷放歌一番？

（二〇〇五　花蓮大庄部落）

34. 拜訪西拉雅

「卡布阿—耍」（吉貝耍）的「卡布阿」原為「木棉」的意思，位於台南縣東山鄉的吉貝耍部落，當年應該是一片木棉盛開的美麗區域，也是嘉南平原地區西拉雅族人主要聚落之一。

相傳西拉雅族部落祖先是由阿里阿地區搭船航行到台南海邊，遭風雨沖上岸，其中有七位先人不幸溺斃，後來在漢人的強勢壓力下，被迫遷徙到吉貝耍部落。雖然遠離了海岸，但是族人為了紀念上岸的祖先，在陸地上仍堅持面對大海進行海祭儀式。

目前吉貝耍部落周圍皆是漢人聚落，社區裡的住宅幾乎皆已改為閩式的磚厝，為了生存，族人明白團結的重要，因此凝聚力很強，整個社區設籍的西拉雅人約一千兩百人，常住的約八百人。部落外圍有五座守護家園的角頭「庫瓦」（公廨），至於大公廨則是信仰

彎曲拉雅後拉鋸琴的演奏者換了12個姿勢
才找到合適的造形

中心，設立在一大片蓮田邊，仿舊式樣興建的建築內，供奉著最高神靈「案祖」及兩旁各有一座阿立母。

百多年前，西拉雅族曾經遷移到後山落戶生根，與當地族群接觸的經驗是一部辛酸的血淚交織史。二〇一〇年，我隨著卑南族比那斯基（下檳榔）部落、東魯凱族達魯瑪克（大南）部落樂舞團隊，循百年前西拉雅族東遷的足跡，回到其原鄉吉貝耍部落，以歌舞相互交流。

比那斯基部落的長輩嬤嬤在行前教了大家幾首疑似西拉雅的歌曲，這些彷彿原住民的歌謠，卻夾帶著部分閩南語的歌詞發音和唱腔，又不完全像是卑南族人熟悉的歌謠，讓族人感到奇特且有趣。她提到，母親曾告訴她，早期好像有西拉雅族人曾到部落作客，自然學會了這些歌謠。

我們的到來和舉行交流活動，讓當地族人相當興奮，認為西拉雅族與卑南族、魯凱族百年來難得交流，意義十分深遠。族人特別向祖靈祭告，遠在東部的卑南、魯凱族前來部落進行訪問，希望祖靈保佑全體平安順利。

我在一旁以參與觀察者的身分觀看，西拉雅族人所使用的祭品，與東部原住民習慣上用的米酒、檳榔相同；祭祀時口含酒噗噴的方式，在卑南族巫師身上也看得見；比那斯基、達魯瑪克部落皆有會所訓練制度，西拉雅族的庫瓦也具有此功能；另外例如「瓦未」（山豬）、數字５（利馬）等母語發音皆很相似，讓彼此宛若找到失散已久的兄弟一般。

早年族群的恩怨情仇似乎已隨著時間的流逝而模糊，百十年後，比那斯基、達魯瑪克部落族人，化身族群文化大使，重新拜訪西拉雅的故鄉，彼此交流文化內涵，並在推動傳統文化上交換經驗，歌謠在其中擔任的角色，無疑是啟動交流的一把鑰匙。

（二〇一〇　台南吉貝耍部落）

菰瓜與玫瑰石

遠看三棧，三面環山的層層奇峰，部落就在山腳下，加上溪水流觴，就像一幅秀麗的山水畫，面對這種美景，很少有人能不被撼動的。

三棧部落的太魯閣族語稱為「布拉旦」，意為菰瓜，當年族人遷徙到該地時，遍地長滿了這種植物，於是就以它命名。

我們進入部落前，橫越三棧溪的橋頭入口寫著「布拉旦部落」，連接橋梁上則形塑了幾隻魚蝦和鰻魚，標明了這是一處自然生態豐富的地方。

果不其然，我們參觀社區的傳統住屋、樹屋、休憩涼亭等，發現不論是蓋在溪岸邊的傳統太魯閣住屋，或是社區居民引以為豪的樹屋，皆利用自然物營造。其實樹屋是依百年大榕樹搭蓋而成的瞭望台，建築的外觀以桂竹裝飾，筆筒樹做為梁柱，加上傳統竹籐編織技法的外牆和竹床等器物，處處可見的藤蔓固定工法，呈現出太魯閣族三棧部落的工藝特色。

我想看看菰瓜的模樣，詢問社區導覽人員，她客氣的提到，現代社區比較少見到了，反而熱心推薦並帶我們去參觀玫瑰石製作。她強調三棧的玫瑰石質地好，尤其是七彩玫瑰石最為外界所稱譽，花蓮近年來輸出的玫瑰石聞名全國，石頭上的粉紅玫瑰色澤，宛如瑰麗的寶石，獲得愛石人的喜愛。

社區裡有以製作玫瑰石為業的族人，看著他拿起一顆外表與一般石頭無異的玫瑰石，經過研磨機與水洗的強烈打磨之後，露出玫瑰般的色彩，石頭的價值感頓時升高。他的工作坊內由玫瑰石打造的雅石賞玩擺滿了櫃子，同時製作各式項鍊墜子等紀念品，讓參觀的遊客愛不釋手。

玫瑰石受到歡迎，其實還有一個其他石頭難以相比的原因：玫瑰石的紋理線條清晰，交疊有致，幾乎每塊石頭整理起來都像是一幅自然山水圖案，頗似水墨畫的意境。做為天然山水圖，配合一些落款，當做致贈的禮物十分雅致且高貴，因而市場上極為搶手。

工坊主人說，現在玫瑰石已經禁採，他們是在河床溪邊撿拾，憑著對土地的熟悉與野外自然物的敏銳感覺，要尋找還不困難。看來，玫瑰石在部落的重要性已經取代了菰瓜，玫瑰石的演變也是近代部落產業變遷的面貌。

（二〇〇八　花蓮布拉旦部落）

36. 姑婆芋會長大

抵達特富野部落鄒族素人藝術家的工作室時，第一眼被他擺在鐵皮屋簷下的展示品吸引住，大大小小人像、頭像或動物，皆以大眼、大耳的雕刻造形呈現，十分樸素拙趣，且其材料為常見的石頭、漂流木、麻竹頭等，各式作品琳瑯滿目，流露出主人是位有自然性格的人。

進入室內別有洞天，一件件男性陽具象徵的木雕、石雕充斥，更讓人看得目瞪口呆。藝術家是部落裡的聞人，身為主人熱情招呼我們，堆滿笑容的臉上絲毫不見扭捏，他提到小時候看老人家雕木頭，就是這種男性陽具造形，從小耳濡目染也見怪不怪。

過去鄒族人習慣在山區開墾新土地前，或是土地發生山崩、土石流等危害到部落安全，族人認為是遭到神靈懲罰時，便會舉行一種鎮山儀式，將刻成的男性陽具插立於土地上，

據說如此土地就不會再崩塌或有意外發生，同時也能庇佑農作物豐收。

主人表示，鄒族傳說掌管土地崩塌的多為女神，老輩族人流傳的說法是，當女神看到這種祭祀物，心生害羞就會離去，土地即可獲得保護不再發生土石流等問題。

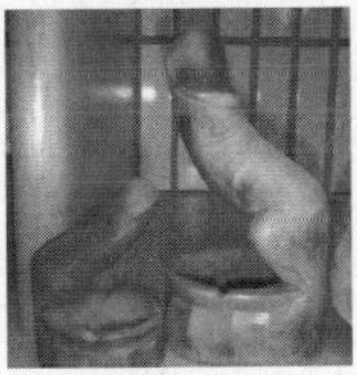

陽具的木雕或石雕也因此成為鄒族傳統藝術表現中的獨特現象。素人藝術家閒暇之餘或是心情鬱悶時就會雕刻一些作品，甚至想進一步援用過去的傳統，在適當時機舉辦類似的土地祭祀儀式。

主人見大家聽得津津有味，更樂於分享他的經驗。他說有一種稱為「姑婆芋」的植物，長輩留下的經驗是在野外山區不慎被蜂、蟲或者咬狗等動植物咬到，族人會砍下姑婆芋的莖，將汁液直接滴於被咬處，據說可以抑制癢痛。平時如果家裡釀酒，也會摘取姑婆芋的葉子做為酒甕、鍋子的覆蓋物，因為它的葉子大，甚至雨天還可以當傘躲雨呢。

主人特別強調，也有人發揮巧思，利用姑婆芋的根莖為素材雕刻陽具。這種植物的質地較木頭鬆軟易刻，而且隨著植物的生長特性，還會慢慢膨脹，「它會繼續長大。」主人亦莊亦諧地說。

我們一行人被他特殊的風趣話語逗得一陣開懷大笑。

（二〇〇七 嘉義特富野部落）

one
two
three
four
家在太平洋

遭受世紀災難的嘉蘭村災民，
不但奮力從泥淖中掙扎站起來，
置身自然環境他們也不忘調侃自己，
一輩子心血建立的家，
已經在颱風時歸還給大自然了。

家在太平洋

二〇〇九年一場驚天動地的莫拉克颱風為台灣南部、東南部帶來重大浩劫，嘉蘭村六十棟屋舍被沖毀、田園流失，人民無家可歸。災後，我跟隨史前文化博物館組成的風災關懷小組進駐嘉蘭村，存在腦子裡的印象，皆是新聞中反覆播放的屋舍被兇猛洪水沖毀的鏡頭，當初次眼見滿目瘡痍的部落，實地印證傾倒在河中的殘存房子，及村民個個無助的眼神，甚至於整個村落瀰漫著一股不安的氣息，強烈震撼著我的心，一時之間，好像說什麼話都覺得不怎麼妥適。

太麻里溪水狠狠暴漲了兩層樓高，河面寬度比原有的拓展了數倍，出乎族人想像之外的重大災難，讓大家只能與洪水氾濫的速度搶時間，拚在溪水暴漲之前，冒著風雨搶救家當，那時候「家」這個實體已經無力顧及了。

度過了恐慌的夜晚，幾個「流失的家庭」暫時棲身在大宅院，他們都是親戚，來自相同的家族，湊和著聚在一起，有人說「能夠全家大小平安就好」，還有人戲稱「大家都回娘家來團圓了」。

雖然進駐部落，但實際上任務是很難展開的，搶救、安置災民不僅急如星火也是首要工作，在那段難捱的時刻，我們只能多陪伴他們，傾聽他們吐露心中壓抑已久的苦悶。比較意外的是他們用這樣的方式進行：

「洪水來的時候，我們在比較看看誰的家蓋得比較堅固。」

「一秒鐘、兩秒鐘……」

「啊！你家……三秒鐘！」

「再見，你先走，我等一下再來。」

Agent 2011

「都是你的房子倒了，撞到我的房子，我的房子才會倒下來的啦！」七嘴八舌的各自湊上一句，還帶著逗人的動作表情，居然傳神的描述當天看著家園在眼前被洪水吞沒的情節，在場所有人都忍不住哈哈大笑。

朋友擦掉飆笑出來的眼淚說：「我們原住民很會調侃自己。」房子快要被大水沖走的時候，大家都這樣玩，等到房子真正倒在洪水中，就哇哇大哭，根本沒辦法相信那是真的；這就是原住民發洩情緒的方法。反正……

「我的家已經在太平洋了！」

「這樣也好，以後不用再繳貸款了，銀行要查封就叫他去太平洋找。」朋友說，只有晚上一個人靜下來以後才會哭，不會讓外人看到。另一位朋友則說，當深夜時分獨自面對時，眼淚就會掉下來，不知如何向老母親解釋，用一輩子心血蓋的房子不見了。還有開學在即，孩子們的學費完全沒有著落……

這是我們傾聽嘉蘭村災民的心情故事，在那場世紀大災難之後……

（二〇〇九　嘉蘭部落）

38. 頭目變成漂流木

四年多前的海棠接著莫拉克颱風，連續重創嘉蘭村，村民笑中帶淚的說「海棠學長、莫拉克學弟」，學長與學弟聯手讓家園變色。

莫拉克颱風過後，和博物館同事順著「杜魯吳外」部落昔日充滿文化特色的小徑，來到鄭頭目的家。眼前的道路戛然而止，再往前就是突如其來的斷崖，地基被掏空，地面僅存薄薄的水泥片，深怕一腳踩碎就有掉落的危險。約二、三層樓高度的落差，使得所有的景物像懸在半空中一般。

這是昔日曾經熟悉的鄭頭目的家嗎？多少個收穫節夜晚，火把點點圍繞的村落、歌舞通宵的廣場，那些鮮活的場域，如今在現場竟沒有一絲殘存的對應。站在斷崖邊上，我突然感覺到孤立，心裡充滿愴惶，腳下一邊是滾滾流動的太麻里溪溪水，河床上猶躺著兩棟殘破的水泥房，景象顯得怵目驚心，另一邊只剩下頭目家僅存的半間房舍。家都毀了，我們要尋找的文化記憶好像也隨著攔腰折斷一般，只留下牆腳陶甕裝飾圖紋佇立在崖邊，顯得無比突兀與諷刺，難怪族人戲稱「頭目已變成漂流木了」。

鄭頭目要關注的不僅是自己的家，而是整個部落，「看著親朋好友的房子一戶一戶排隊一樣倒下來，我跑到山上去，真的很心痛，不想看。」他茫然的說：「現在，什麼都沒有了……都落空了。」

「從海棠以後，沒有一種安定的感覺。就是天災啦！也沒有辦法。其實想一想，至少都平安啦，物資現在看起來也夠，就是希望政府能幫忙，給我們一個穩定的家。」頭目說。

有一個能夠遮蔽風雨的家，是村民此時此刻的盼望，這對大部分人來說理所當然的事，卻成為他們一樁卑微的心願，我們這些滿腹熱忱卻束手無策的小人物，只能望天興嘆，內心充滿愧疚與無力感。

問他想不想喝酒發洩心中的苦悶？他哈哈大笑：「真的可以就好了，如果喝酒能夠忘掉煩惱的話。」

（二〇〇九　嘉蘭部落）

二〇一二年六月十五日於東華大學校園等候退營、大學的生活
在眼前呈現多年以後，但已經遠離自己的心境如是
以後多一點創作時間
作些什麼皆未得
重要。
Agent

39. 媽媽留給我的傳統服被沖走了

莫拉克風災過後，臨時設置在介達國小的八八山寨收容站裡，災民們忙著安頓家人生活。天然災害的搶救原本就是一件複雜又需整合、分工且專業的工作，嘉蘭村內只見進進出出的大型機械與工程人員，各項救災物資源源不斷進入，政府機關、社福團體統統動員起來進行各項安置作業。

在大家都忙碌的當下，我們組成的關懷小組進入災區能夠做什麼？說實在的，可資參考的例子不多，何況每個案例條件不同，在沒人教導、災民根本無暇顧及我們的情況之下，儘管每位成員抱持著熱血，但空有滿腹激情是無濟於事的，也必須全盤考量，避免妨害救災工作的進行。

初期，我們學會了傾聽災民心聲。在災難第一時間，頭目搶下的文物是頭目衣飾和土地權狀。一位受災老姆姆說，風災將她的家當全部沖走，其中一套傳統服是媽媽親手為她繡的結婚嫁粧，失去它讓她難過了好久。透過物件，我們似乎找尋到一絲居民生活和部落文化傳承的共同回憶，甚至可以連結博物館教育文化專業的工作性質。

經多方接觸嘉蘭社區自救會、嘉蘭國小、部落頭目及鄉公所人員後，關懷小組決定在啟動重建階段才正式進入。九月一日，小組在嘉蘭社區展開全面性關懷重建工作，包括田野調查、災害現場文物蒐集、歷史記憶訪問等。學校方面則從九月九日起，以一學期為期，每週三下午進行說故事及藝術陪伴活動，在尚未有外援經費的情況下，將博物館資源全力投入災區。

另外，結合博物館內部的作業，積極規劃大型感恩晚會活動和關懷災區的特展，同時也主動聯繫相關團體及社會各界，統合資源推出各種關懷活動，並將所有工作進程、執行狀況和工作人員的心得，全數記錄於特別開設的部落格上，成為博物館與災區、社會各界無距離、無界限的溝通平台。

在滿目瘡痍的大地上，文物搶救工作陸續展開。怪手機械終日在河床上清理淤積的泥沙，卡車來回穿梭，揚起漫天風沙。我們冒著惡劣的環境，下到太麻里溪河床，盡可能在現場搶救可及的文物，其中還包括從被沖毀的房舍露頭上，搶下刻著排灣族傳統太陽、人像、蛇紋及動物圖紋的板雕。

陸續還發現了更多埋沒於土裡的物件，包括衣物服飾、家具、相本、作業簿等等，有的可以處理，有的則無法再搶救，尤其是服飾，大部分損壞得很嚴重，只得忍痛放棄。

頭目搶救的服飾是頭目身分的象徵，老姆姆傷痛的是母親為她親手製作的傳統服消失了，流失的文物對於災民們而言，不僅是財物的損失，還有他們家庭的重要記憶，其價值無法用一般的標準來衡量。

值得安慰的是，在災後重建過程中，政府聽見了災民的需求，在與民間組織的協助下，特別針對傳統服製作開班授課，老人家們學習得很高興也很滿足，除了上課時間外，回到中繼屋有空就拿起針線繼續完成。老姆姆說：「雖然媽媽留給我的傳統服飾被沖走了，我要一針一線親手繡回來。」

（二〇〇九　嘉蘭部落）

40. 要留給子孫的，都沒有了

莫拉克大水過後，我們在河床上找到一本婚紗照，神奇的是經過這麼大的洪水肆虐，除了外表稍有磨損外，內頁每一張照片都完好如初，我們想主人一定會很想看到這本有紀念意義的相簿，於是帶回來稍做整理，並且想辦法將物件還給它的主人。

幾乎找遍了嘉蘭村，居然問不出婚紗照的主人，大家都說很面熟，但是新娘化了妝，在濃妝豔抹下，實在看不出原來的面容。倒是在臨時收容災民的八八山寨問到宋大嫂，意外的，因為一本相簿而觸碰到她脆弱的心靈傷口。

山寨是災民取的名稱，事實上只是搭建在介達國小開放式球場內外的十數個帳篷而已，這是他們這陣子的棲身之所；每個災民原本溫暖的老家，如今只在當地剩下一堆石頭和滾滾溪水。

就在礫石堆上，宋大嫂的老家周圍曾經種植一片櫻花，每當盛開時，美麗的樣子令人難忘。猶記得二十多年前的一個夜晚，我在這棟老家客廳，一邊和大夥喝著小米酒、大啖飛鼠肉，一邊在宋大哥的鋼琴伴奏下，唱著排灣族的歌謠，直到醉倒不省人事。那幅畫面彷彿昨日，卻在一夕之間化為烏有。

她翻閱著相簿內頁，數度哽咽的說：「最傷心的就是這種東西了，好多好多珍藏的寶貝是用錢買不到的。」「失去房子可以重建，傷心也有恢復的時候，但是回憶的東西，什麼都沒有了。」

宋大嫂紅著眼眶，忍住即將掉下來的淚水，隨手拿起腳旁的手提包，取出檳榔熟練地剖開，加入荖葉石灰，放在口裡慢慢嚼。這陣子，嚼檳榔好像能撫慰內心，也最能夠緩和激動的情緒。她說，少女時期就留下來的花環，原本好好保存在家裡，家族所有的照片也都收藏得很好，孩子結婚、孫子出生、幫他辦的滿月、部落裡的活動等等，整理起來好幾本，尤其難得的是和大哥的結婚照和紀念性東西，沒想到一場大水……，變得沒什麼可供追憶了。

「本來要留給孫子們的，都沒有了。」說著說著，她的眼淚不斷掉下來，我們在一旁靜靜聽著，感受到她話中的悸動。一張舊照片可以勾起人無限的想像與回憶，隨著記錄生命傳承影像載體的消失，好像面貌也模糊了。

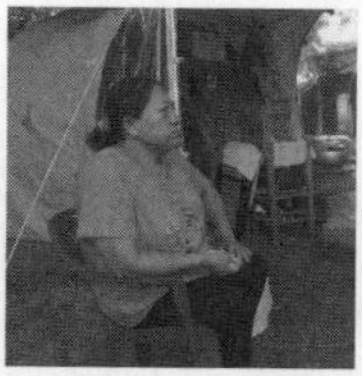

從山寨回來，更加深了我們要找到婚紗相簿主人的決心，同時也翻箱倒櫃找出幾張早年採訪宋大哥參加活動時留下來的照片，心想或許能夠稍稍安慰他們失落的心情。

（二〇〇九　嘉蘭部落）

41. 蛋長皺紋

莫拉克颱風帶來的毀滅，是災民心中永遠的痛，而在小朋友身心深處留下的創傷，也許是無法開口述說的驚懼或難以磨滅的陰影。災後我們前往嘉蘭國小實施藝術陪伴計畫，舉辦第一場活動時，讓小朋友自己選擇同伴，兩人一組共同進行繪畫創作，主題是介紹自己家人或成員，大家順著長廊排成一列，熱熱鬧鬧的席地而畫。

小朋友們各自發揮不同的表現方式，畫出心中的家。一個小朋友說：「我家已經被洪水沖走了。」另一個說：「我家也是，可是我不想畫颱風。」

小朋友說：「我想畫洪水可以嗎？」他開始以藍色蠟筆畫出山的形狀，在山凹處積滿了洪水，邊畫口裡邊說：「這是南大武山，這裡有堰塞湖。」然後畫出河道、村落和縱橫交錯的馬路。接著他換了土黃色，畫上房子：「我家在第七鄰。我在這裡避難，洪水從這裡進來。」他在畫作上河道與村落接觸的地方畫上缺口，然後說：「洪水來了！」「堰塞湖潰堤，房子沖走了。」「滅村！」小朋友最後才拿起蠟筆，在人形的臉上畫上幾滴眼淚……

我們也和學校老師合作，讓小朋友寫下風災的印象和親身體驗。一位小朋友在課堂創作一幅名為「莫拉克大水怪」的作品，他說：「莫拉克大水怪用手把房子推倒了，大雨一直下，河流漂著被沖走的房子，鄰居都在搬東西，有小冰箱，還有煮飯的鍋子……，颱風來時很多人在哭，還有人跪在地上。」

關心災情的朋友聽到這項工作後，特地提供了一個災區小朋友在家庭聯絡簿上寫的故事，供我們參考：

「八八風災以後，爸爸為了我們家整天忙碌，非常辛苦。那天早上，看見爸爸在浴室，

低著頭清洗，我發現爸爸的蛋多了許多皺紋。」

第二天，老師在簿子裡寫下評語：「非禮勿視，家長不可以讓小朋友看不該看的東西。」

小朋友的爸爸看了之後，在文章上多加了一個「臉」字，成了「爸爸的『臉』蛋多了許多皺紋」。

追尋故事的真假並無多大意義，重要的是經過災區的洗禮，領教過族人的自我解嘲與療癒方式，我似乎從中學習到更能接近他們心靈的方法了。

（二〇〇九　嘉蘭部落）

42. 大球換小球

花東綿延百公里的海岸，在莫拉克風災後，成為一片漂流木的墳場，遠遠望去像一條壯觀的土黃色帶子，改變了沙灘原有的灰白色澤。原本的觀光海岸變成觀賞大自然肆虐後的災難景點，人潮絡繹於途，尤其是漂流木頓時成為眾所矚目的焦點，警方、海防、林管巡邏人員必須與覬覦的利益團體、蠢蠢欲動的山老鼠們鬥法……

太麻里有一些居民和這些終日流連在海邊看熱鬧、撿拾寶貝的人目的不一樣，他們抱著一絲希望，想在海灘上尋回自己或親友失落的東西。其實這些物品遠從數公里外的太麻里溪中游部落沖下，流入浩瀚的太平洋，能再漂回岸邊的機率實在微乎其微。

但是一顆嘉蘭村小朋友遊戲用的小球，卻奇蹟似的從洪水沖毀的家園災害現場漂流到海上，再被人從海邊撿回來，送到博物館風災小組處理。有趣的是，這顆小球上還寫著住

想找一種小男生打球的感情或許正是「大球換小球」
的真正意義所在
Agent
2012

家地址和「請勿偷拿」字樣。我們興奮的拿著這顆球，走訪社區、學校，終於在嘉蘭國小找到小主人，小朋友見到它都不敢相信，遺失的小球居然還會出現眼前，大家嘖嘖稱奇一番並紛紛拿來察看，顯然它不只是小主人家的財產，更承載著所有七鄰小朋友一起玩耍的記憶。

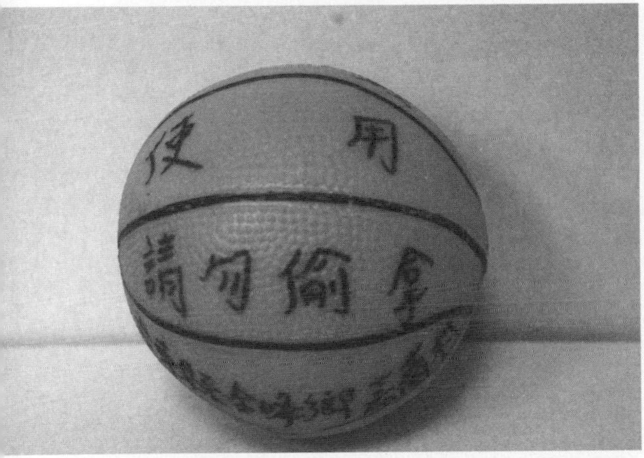

事後，我們經過討論，特地買了一顆新的大籃球帶到學校去，希望取得小球主人的同意，以大球交換小球，好做為風災特展中的展品。舉辦這場活動前，國內的職籃選手剛好也到學校從事關懷活動，小朋友們看到平時不易見到的大批球星，表情舉止充滿興奮的神情，跟前跟後包圍球星們要求合影，當然衣服背上也都簽滿了球星的名字，並和球星們走進籃球場，享受一起打球的愉快時光。

也許是延續這股熱潮的影響，當前來採訪的記者提出「大球換小球」問題時，孩子率真、樸實的態度讓人愛憐：

「那麼珍貴的東西，捐出來會不會很可惜？」

「不會啊！放到博物館去展覽，可以讓更多人知道我們的事。」

「博物館給的大球和你原來的小球，比較喜歡哪一個？」

「都喜歡！我希望可以一直打籃球，以後當職業籃球選手，最好可以打進ＮＢＡ。」

（二〇〇九　嘉蘭部落）

43. 用舞蹈站起來

八八風災後四個月餘，博物館策劃了「揮別八八 迎向九九」感恩晚會，及「站在記憶的斷崖上」特展暨金峰鄉產業展售活動等，分別在當地及台南市德安百貨公司展開，兩項展演活動都安排了表演，當中特別是小朋友天真、自然的樂舞傳達族人的情感，也用舞蹈象徵從災害中站起來。

特展記者會中，有一場「相見歡」活動，穿上排灣族傳統服裝的嘉蘭國小小朋友，以「大武山的小精靈」舞蹈迎賓，台南市崇學國小小朋友則帶著自己寫的卡片、小禮物與嘉蘭國小學童交換，孩子們相互問候，臉上掛著靦腆開心的笑容，氣氛溫馨。

隨後大夥兒一起手牽手共舞，兩校師長們安排小朋友穿插在一起，藉機彼此認識。崇學小朋友對原住民的舞蹈頗為好奇，好玩地跟著舞動起來，嘉蘭小朋友則耐心教導舞步。

在一旁的金峰鄉鄉長忽然說：「兩地小朋友們一起共舞，突然發現我們的五年級小朋友身高怎麼比崇學的四年級還矮？」他的話引起全場的笑聲，鄉長自嘲說：「難道這真的是城鄉差距？」

為了讓台南民眾能夠欣賞到排灣族優美的歌舞，特地選在百貨公司大門前廣場舉行開幕式。面對往來流動的人群車輛，嘉蘭國小可愛的小朋友們無所畏懼，再度舞出迎賓舞，倒是當天天氣轉冷，小朋友們仍是一套傳統服，小男生穿著裙子，雙腳冷得直發抖。好不容易才擠進會場的台南市民邊讚美小朋友們舞跳得好，邊說在這種天氣表演，對小朋友們實在是個挑戰。

感恩晚會這天，介達國小的「馬利古安」（勇士頌）也舞出了另一番氣勢，歌舞描述小勇士們狩獵與求生，接受各種挑戰，不斷成長茁壯，就如同排灣族的祖先百步蛇是土地

上的王，獨立且愛好和平，隨著演化逐漸長出羽毛，成為天空之王——熊鷹。

小朋友們舉著各式道具，有蛇形、鷹眼、羽毛，尤其是巨型的羽毛出現，小朋友跳著陽剛勇猛的勇士舞，全場情緒高漲，族人不斷嘶聲吶喊，為全場小舞者加油，這個場景宛若是許多成年人的共同記憶，也將風災後的鬱悶一股腦全傾洩出來。

鄉長說：「因風災這個特殊的機緣，金峰鄉遭到空前的災難，卻也提升了全國的知名度，沒有社會各界的支持，金峰鄉沒有辦法這麼快站起來。」他說：「過去的傳統，碰上災難族人以『巴布章嘎』精神去面對，我們必須告訴社會，會靠著自己力量重新站起來。」

巴布章嘎的涵義正是逢重大災難再站起來，自助人助迎向未來，這也是千百年來，維繫族群生命傳承最重要的勇氣和支柱。

（二〇〇九　嘉蘭部落）

我們和金峰鄉公所聯合規劃的「站在記憶的斷崖上——關懷嘉蘭村莫拉克風災特展暨金峰鄉產業展售活動」，於台南市新開幕不久的百貨公司展出。為了要將金峰鄉最好的一面展現在都會民眾面前，鄉內幾乎全體動員，公所同仁把鄉內藝術工作者最好的產品，全都打包搬到台南。

博物館則以整理展示災後進行的一系列重建工作：記錄嘉蘭村災害瞬間和部落文物、歷史記憶的搶救，以長時間且固定實施說故事、藝術陪伴等活動，關懷部落、學童的田野工作實錄等。結合鄉內成立的「木工坊」、「布工坊」，讓災民們以擅長的雕刻、刺繡手藝，利用漂流木等為素材，製作工藝品銷售，試圖為往後的生活尋求出路。

這是災後四個月，國內首次以莫拉克風災為主題的特展，我們希望呈現嘉蘭村的部落

2010

文化內涵與博物館專業工作，因此在特展開幕前，忙著調整入口意象的設計。那是特別請嘉蘭部落出身的攝影記者剪輯而成的災害當時第一手影像，每回觀看這支紀錄片，內心依舊悸動不已，而我們想藉著影像傳達給觀眾的，正是這股重回現場的震撼。

但是受災部落族人並不認為強調災害是他們的期待，反而希望從地方簡介、產業與景觀、文物介紹等系列切入。從展示脈絡考量，內容多元易使得主題混亂失焦，我們開始為了入口開設出現兩種不同的意見，在各自有其堅持下，族人說：「災害的影像我已經看了八百遍了！」

聽到這句話，如當頭棒喝，內心反覆責怪自己為何不思考得更周詳一些。從進入災區迄今，我們一直勉勵自己要多站在部落的主體來看問題，並配合他們的需求推動關懷計畫，參與同仁時時秉持嚴謹的態度，各項工作執行時都以尊重部落為前提，與嘉蘭村民、自救會等充分溝通並因應災區狀況隨時檢討與調整，怎麼到了最後關鍵時刻，居然僅以展示的專業考量為前提，而忘了顧及災民最直接的感受？我心裡十分愧疚。

特展期許帶給國人面臨天災必須學會應變與經驗傳承的省思，但我們更在意的是，面對災害時災民自己站起來的勇氣。嘉蘭村民常以「巴布章嘎」來相互勉勵度過這段慘澹的日子，這句東排灣族語的涵義是，逢重大災難必須靠著自己的努力再站起來，即「自助人助」的精神。對災民們而言，展售活動事實上就是他們的努力成果，他們需要的正是來自社會的肯定。

改寫自刊載於二〇一〇年一月十八日《中國時報．時論廣場》的原文

莫拉克風災特展選在百貨公司展出，除了是業者以實際關懷的心意贊助外，鄉公所將地方農特產品及木雕、刺繡、陶藝等多樣手工藝作品加入展示，則是希望社會大眾能踴躍認購，用行動幫助災區走過難關。同時，在展出期間的假日舉辦相關教育活動，以寓教於樂的方式，教導民眾製作包括如：月桃葉勇士包、陶珠、手機吊飾、鑰匙圈等等，目的是要讓外界更認識東排灣族文化，而不僅只存留災區的殘破印象。

鄉公所安排在百貨展場推出走秀表演，原住民衣飾文化由原鄉走入現代社會，尤其是在象徵流行時尚的百貨公司展出與主流服飾相互比美，是較為罕見的。走秀現場以特展場地為背景，直接利用百貨公司樓層地板為伸展台，推出族人的傳統及改良設計服飾，模特兒由自己族人擔任，分別介紹了東排灣族頭目及女兒的傳統服飾，以珠繡為主的華麗設計，強調頭目階級使用的太陽、陶甕、人形等圖紋特色。

東排灣族鄰近卑南族，因為地緣關係，長期以來彼此互有通婚交流，在服飾上表現尤其明顯，婦女服飾中的傳統肚兜形式即是一例。金峰、太麻里地區的排灣族人把它改良成長裙，大紅色的布面上，繡的是跳舞的男女圖像，十分喜氣，成為當地流行的民族婚紗禮服。

設計走秀活動的手工藝坊主人說，現代人對服裝的要求是舒適簡單，她除了製作傳統服飾外，也投入流行款式的製作。為了強調地方特色，她嘗試將兩項結合起來，模特兒上半身衣飾直接繡上金峰、太麻里地區重要經濟作物——洛神花圖案，下半身的蓬裙則施以大片紅、黃、綠等條紋色澤，表現富有現代感的設計。

她說，花卉是傳統手工刺繡圖案，繡上洛神花是傳統刺繡的延伸，將產業、生活與文

畫完此後，心裡十分篤定，這是鉛筆表現的
另一個層次的開始。
Agent
2012

化結合在一起，創造出現代族人的衣飾觀念。同時，這種時尚衣飾平常也可以穿去上班，非常實用。她說，不管是衣飾或圖紋創新，都是向大自然學習智慧，這些都是祖先賜予的。

有別於百貨公司平日的展示手法，整場走秀事實上比較像享受一場不一樣的族群文化洗禮。看著他們自信的表演，襯托的是「揮別八八　迎接九九」的背板，有一種奇特的時空相遇感覺，悲情底下是他們努力想呈現力爭上游的美好一面。

（二〇〇九　嘉蘭部落）

46. 山羊也會還村

二〇一〇年七月，嘉蘭村聯合小米收穫節在歷經莫拉克風災一年後，從災害傷痛中重新走出來，我特別去參加收穫節中的晚會，過去的一年他們走過一段艱辛的道路，對於節慶的參與仍是那麼虔誠、熱忱，讓人感動。

也許是災害的陰影還沒完全復原，也或許是種植的作物都已流失，現場沒有往日收穫節的盛況，簡而言之，就是象徵豐收的小米和獵物比較少了。為了準備收穫節，族人們一星期前就上山打獵，一名獵人說，部落後山在八八水災時許多山壁都崩塌了，原來熟悉的獵徑都已不見，甚至經常狩獵的獵場，動物也都消失無蹤，他說：「山羊跟人一樣也會還村。」

聯合小米收穫節從七月五日—十五日，青年會進駐集會所體驗、活動到結束，共計歷

畫至此 有点推翻之前
的作品 如素材的想法
但創造心情穩定是最
重要 要調整好才畫

時十天，白天安排年輕人球類運動、文化體驗營等活動。不同於往年的最重要設計，是為風災受害居民祈福的「八八新城之夜」及「同樂——小米之夜」活動，充分展現了由信仰及傳統文化，將分散各地的村民，彼此用「愛」相互聯合的精神。

莫拉克災民被安置在正興村的中繼屋，村民們稱為「八八新城」。十二日夜晚，嘉蘭青年會隊伍點著小米梗火把，到八八新城慰問災民並且展開小米之夜的報訊，成員們牽手共舞，並且致贈事先準備好的花冠頭飾給老人家。

住在當地的「馬里的否」頭目特別準備了點心慰勞青年會成員，感謝村民們的關愛，他們也響應組隊於十三日夜晚返回嘉蘭村活動中心，參與嘉蘭村、旅外同鄉會、新富社區等聯合進行的晚會活動。

晚會由青年會點燃小米梗火把展開報訊開始，隊伍繞行嘉蘭全村，穿越被莫拉克颱風沖走的土地及部分災民臨時居住的新富社區工寮，然後回到活動中心，以充滿力與美的勇士舞開場。

活動為同樂性質，老少同台一起演出，有托兒所與老人日托的舞蹈，也有富傳統氣息、撼動人心的魯凱族勇上舞，當中穿插的八八新城隊伍，不論老、中、青、少共同表演的「我的心裡只有你沒有他」現代舞，或者中老年人曾在林班工作經驗的「林班之歌」，由男女族人對唱傳達情意尤為感人。

另外，八八新城的才藝青年認真、賣力的表演，十分引人注目。熱愛歌舞的災民也不忘調侃自己：「本來要跳山地舞的，但是傳統服被水沖走了，只好改跳現代舞。」

雖然節目進行中，穿插著工程車進出，漏夜趕著永久屋興建工程，但是整個晚會居民們參與感極高，尤其是受災戶的參與出乎意料之外，幾乎全數動員出場表演，歌舞表現成功的撫慰了族人的心靈。

晚會結束已是深夜，迎著月光，我獨自騎車返家，沿著太麻里溪旁臨時闢建的顛簸山路，回想過去艱辛的一年，嘉蘭部落總算稍微恢復了往日的氣息，至少今晚如此……

（二〇一〇　嘉蘭部落）

宋姆姆的眼淚

47.

八八水災當天，七十七歲高齡的宋姆姆的房子、家當全部付諸洪水，沒想到象徵祝福的「模範母親」木匾和聖母像台座，幾經波折從數公里的外海漂回，被族人撿回。

宋姆姆的兒子說：「真的沒想到還能從太平洋中漂了回來，又被親戚認出回到我們手中，這兩樣東西的失而復得對媽媽而言是非常珍貴的，因為家裡什麼東西都沒有了……」

宋姆姆住過臨時收容的八八山寨、馬蘭榮家臨時安置中心到中繼屋，最想念的還是嘉蘭村的故鄉。宋姆姆的兒子提到：「風災過後，母親一直不願意面對房子已經毀掉的事實，我想拿著『模範母親』木匾帶媽媽一起回村落裡走走看看，希望媽媽能慢慢走出那憂傷的回憶，嘉蘭村的所有村民也是。」

莫拉克風災週年，史前文化博物館以「重生與感恩」為主題，與嘉蘭國小合作策展，內容結合文化教育重建中的藝術陪伴成果作品，藉著書寫與圖畫，從小朋友的眼中回顧八八風災帶給他們的影響。為了要幫助宋姆姆，更安排於八八週年特展開幕時，獻上部落、社會的關懷與祝福，希望她能夠走出情緒的幽谷。

當天特別邀請嘉蘭村青年會到現場吟唱傳統歌謠，在美好的祝福歌聲中，木匾經由村莊的年輕人手連手接力傳遞，最後重新交給宋姆姆。人與物再度重逢，她的眼淚爬滿了臉龐，子女們不停幫她擦拭，但好像有擦不完的淚水，全場對這一刻無不動容。

宋姆姆的兒子除了全程記錄媽媽在博物館與災後文物相逢的過程，也特地在災後週年的日子，一家人陪著母親重回現場，同時將該件「模範母親」木匾，一起攜回嘉蘭村住宅原址，進行祈福儀式，以重生的精神揮別災難的陰影，迎向未來。

宋姆姆是位虔誠的天主教徒，丈夫早逝，她獨自撫養八個孩子長大成人，個個在社會

宏揚母教

上均有所成就，二〇〇一年台東縣府頒發「模範母親」木匾公開表揚，肯定她的不凡事蹟；木匾和聖母像台座，兩件僅存的物品也反映了她堅守的信仰與對子女的愛，價值無法估算。

我們以行動為她加油，愛和信仰，風災帶不走，連大海都明白，必須把她一生的成就象徵退回給她永遠留念。

改寫自刊載於二〇一〇年八月三十一日《聯合報．繽紛版》的原文

48.

馬召文次分巴布章嘎

巴布章嘎（自助人助）特展是我們為八八風災所策劃的第三項展示，邀請災區藝術家以風災為主題進行創作展示。災區藝術家對八八風災有別於一般藝術家更深刻的感受，東魯凱族陶藝家強調巴布章嘎是族人面對重大災難時的因應智慧，因此巴布章嘎精神對族人重建部落有著重要意義。東排灣族木雕家則告訴我，當部落發生緊急事件時，通常會發揮獨立自救再尋求其他部落及外力的搶救與援助，巴布章嘎字義上就有「盼望」、「給人希望」的意思。

嘉蘭部落傳統上擁有會所制度，平時於會所內，年輕人可針對部落內各處大小事務進行分配，如族人興建住屋、提供頭目家族勞役、傳遞訊息等，戰時可以保衛部落，這也是部落日常生活中就已經存在的互助機能。部落社會互助的機制還包括由村民自動組成的勞

Agent 2001.10.
Z.島村民夏日前庭的生活

動團隊「馬拉由」（幫團）組織，目前嘉蘭村種植的洛神花收成時仍沿用此方式。

八八災後，受災部落立即組織「嘉蘭部落自救會」，推選正副會長，並下設安置規劃、衛生醫療、教育發展、影像記錄、網路資訊、災區產業、災難公園、權益促進、基金募款等組，目標明確朝「整合文化、人文，家園、產業重建」前進。

走進災民臨時收容中心（八八山寨），入口處也貼著「唯有自助才有人助，生命還有凡事從頭」的標語，棲身山寨的災民配合政府「以工代賑」政策，協助去蓋中繼屋，留守的人各自分工負責大至膳食、安全維護及物資管理、行政事務等，小至小朋友功課都有人關心，儼然是一個有組織、有紀律的團體。

重建之路漫長，族人嘗試用自己的方式重新站起來，博物館也曾經在當地進行文物搶救與心靈重建工作，就本身的角色與社會責任而言，有義務提供社會大眾對災區的經驗與部落文化進一步的體認，因此策劃了該項展示，藉著物件連結起族人的歷史情感與對災難的集體記憶，並配合邀請該區域從事木雕、陶藝創作的藝術家，以災後創作銜接傳統文化內涵，共同為這段百年罕見的災難做歷史的見證。

木雕家說，他以馬谷又次（水災）為題，表現八八風災中部落居民的呼救、哀嚎與遷徙流離等畫面，表達族人對大自然災害的恐懼、不確定性，只求渴望安居樂業的心情。陶藝家的創作則傳達風災吞噬了家園，太陽神也難過得流淚，部落族人跌入哀傷的深淵而無法自拔的心聲。他說，以象徵祖靈的陶甕做為祖先的聲聲呼喚和指引，希望大家恢復生活常軌，並且傳承族群文化的希望。

藝術家的創作，串聯部落古老的文化與信仰，燃起了族人的信心，各界也全面積極投入援助，這是台灣社會最溫暖的表現，印證了巴布章嘎最高精神的再現。

（二〇一一　嘉蘭部落）

守候小米田 49.

莫拉克風災過後第三年，我們再度頻繁進出嘉蘭村，進行部落歌舞調查工作。整理這些歌舞的歷史與資料，為的是要在博物館內嘗試舉辦動、靜態聯合歌舞展演，以便全貌觀察嘉蘭村的歌舞演變過程。

嘉蘭村排灣、魯凱族人熱情的性格習慣以歌舞會友，從傳統祭儀到部落婚宴喜慶等各項場合，歌舞皆能居中擔任歡樂的媒介，甚至遭逢八八風災造成的創傷，歌舞活動更適時傳達集體情感，提供了撫慰的功能。近代各時期部落則是歌舞人才輩出，例如一九七〇年代胡德夫的民歌、一九八〇年代宋仙璋、陳參祥的傳統歌舞、一九九〇年代編舞家布拉瑞揚、二〇〇〇年 Matzka（宋唯農）樂團等名揚國內外，都得到各界好評。

歌舞發源與宗教信仰有關，嘉蘭村早期是依循小米成長周期形成相關的祭儀，其中小米收穫祭（馬沙魯）傳統上從採收到入倉有完整的過程，最終共同列馬凱（盪鞦韆），以歌舞慶祝一整年收穫才結束。

那天，踏入嘉蘭村看見小米田結實纍纍，讓人心情頓時開朗起來，連日來氣溫驟降，冷風颼颼地吹著，我看見一位姆姆不畏天寒坐在小米田旁的椅子上，心疼她沒有縮著身子躲避冷天氣，或顯出任何不耐的情緒，只是靜靜地守候。

時序進入秋末，東部地區的小米作物已經結穗，飽滿的小米穗彎著腰迎風搖擺，還來不及採收的小米，引來許多麻雀的覬覦，在小米田上空盤旋，等待伺機俯衝而下飽餐一頓。

八十多歲的姆姆雖然因老邁而動作遲緩，但是卻可以適時搖動身旁的「沙未列未拉內」（趕鳥器）。這個傳統的器物過去以竹片、豬骨等用長繩綁住，透過在四周分別架設的竹竿，覆蓋住小米田，然後將繩子集中一處，守候人若發現小鳥入侵，只要搖動繩子便可以

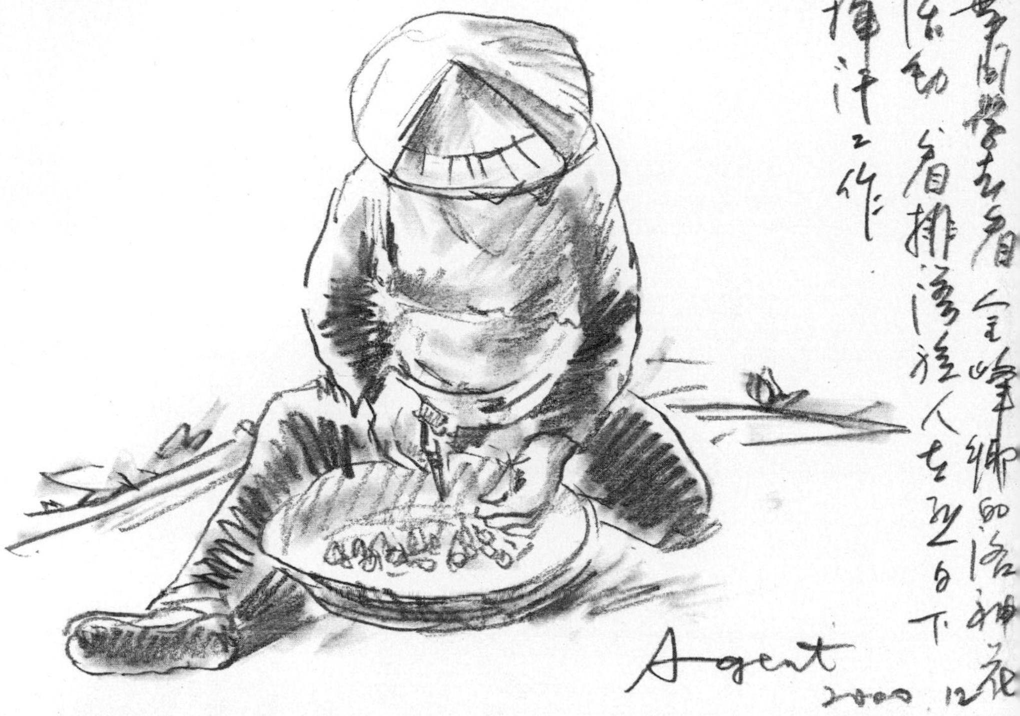
金峰鄉的洛神花
活動 看看排灣族人在烈日下
揮汗工作
Agent
2000 12

連結整個小米田的沙未列未拉內，聲響四起把鳥嚇飛。

時代變遷，沙未列未拉內也跟著升級，現在排灣或魯凱族人都以能夠發出更大聲響的鋁罐、鐵片為主，一搖動起來，整個小米田乒乓作響，就像是表演一場熱鬧的敲擊樂。

姆姆很盡責的擔任小米田的守候者，她的兒子說，老人家不喜歡待在家裡，寧可來照顧小米田，因此兒子用竹子、樹葉及廢棄布料、紙板，貼心的為她架了一座簡易的遮陽棚，並且在腳邊燃了火堆為她驅寒，才讓她得以整天守在小米田旁。

那幅景象讓我不自覺想到印地安人的移動帳棚，坐在棚子下的老人家重複做著千百年流傳下來的動作，儘管只是守候著即將收穫的作物，卻顯得十分自在，似乎那才是她自小熟悉、習慣的生活方式。

（二〇一二　嘉蘭部落）

鞦韆會長大

50.

嘉蘭部落的歌舞展演，從進行田野調查與文物蒐集到布置展場，族人積極參與的熱情感人，尤其是當中的大鞦韆布滿了十分別致的百合花及小米等飾物，成為極富族群美感的展示。

二〇一二年十一月的一個上午，嘉蘭村動員了上百位排灣、魯凱老少族人踴躍出席了屬於他們的展演：依瓦拉（我們交個朋友吧）——一段台、德部落樂舞交流情緣特展的開幕式，許多年輕人還特地請假參加，熱情感人。在鼻笛低沉的曲調、昏暗的燈光氣氛襯托下，嘉蘭村長老在鞦韆架旁娓娓講述嘉蘭的歷史，彷彿向祖靈報告，接著展開完整的歌舞文化。

首先在鞦韆架下繞行的男女族人，手牽著手進行情歌對唱，小朋友們則拿著花環在場中跳舞表演，帶動起部落歌舞的浪漫美感與輕快寫意。隨後，小勇士拿起巨大的羽毛道具進場，伴隨著雄渾的歌聲，配合音樂節奏以蹲跳動作表現出一隻隻小雄鷹欲振翅高飛的意象。最後，全體孩子們一起手牽著手，圍著鞦韆架跳著勇士雄壯的舞步結束。

社區老人照護的姆姆們接著上場表演，在工作人員帶動下跳土風舞，與展場內觀眾互動熱絡；當搖籃曲上場時，姆姆們背著小搖籃排成一列唱著傳統歌謠，身子隨著旋律擺動，像是安撫懷裡的小孩一般自然，親切慈祥的氣氛令人動容。

融合戲劇和舞蹈方式演出的結婚舞為活動掀起高潮，傳統排灣、魯凱族婚禮儀式的列米造（探訪）、依卡魯（提親）、地母林嘎（訂親）、巴里祖克（豎立盪鞦韆）、包固（舉行婚禮）等過程，藉由傳統旋律脈絡清晰地鋪陳出來，而婚禮中男方的聘禮——小米、檳榔、甘蔗、香蕉、阿麥傳統美食及花環、陶甕、佩刀等佩飾介紹，更是讓民眾認識部落文化，最後新郎新娘上場以盪鞦韆儀禮完成。

歌舞表演結束，主持人宣布一項特殊的儀式，由白冷教會駐台東修士及他的德國友人貴賓，分別代表德方及當年帶隊參訪的校長，與金峰鄉長在大鞦韆下同飲連杯酒，現場賓客共同見證這段綿延二十二年的嘉蘭村與德國馬肯田郡（Marktheidenfeld）友誼，並期盼

能歷久彌新。

族人說，他們對鞦韆的情感極為深刻，從過去到現在它一直是活的。嘉蘭部落的收穫節祭儀，族人以列馬凱（盪鞦韆）做為活動的高潮。他記得在嘉蘭國小練習跳舞時，每次表演或比賽的最後一段都有盪鞦韆，表演結束退場，也一起將鞦韆撤下。

部落老師與族人帶著孩子製作表演用鞦韆，從開始的小鞦韆到大鞦韆一代代改良，族人們相信，鞦韆愈做愈大，參加的人就會愈來愈多，也代表認同部落文化與傳承的人愈多。

（二〇一二　嘉蘭部落）

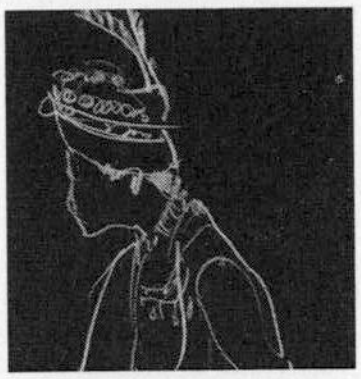

51. 嘉蘭部落孩子的第一次

一九九〇年嘉蘭村曾以「嘉蘭國小民俗舞蹈團」二十名團員為班底，與地方組成三十五人親善訪問團，赴德國馬肯田郡參加「埃賽巴樂團三十五週年慶典」，表演傳統排灣、魯凱族歌舞，受到盛大歡迎，隨後雙方有多次的樂舞交流，這段歷史嘉蘭村人津津樂道，也深深印刻在族人的心中。

從相關的文件、學校的紀錄、孩子的日記心聲中看到，赴德國進行歌舞參訪是許多嘉蘭孩子的第一次，包括小朋友們生平所穿的第一套西裝、第一次辦護照、第一次出國、第一次吃牛排……

二〇一二年中秋佳節前夕，我們特別與當年出訪的嘉蘭師生們籌劃聚會，共同回首那段人生難能可貴的歌舞少年歲月。相隔二十多年，雖然各自返鄉偶爾會碰到面，但是大家未曾有過正式的相聚機會，團員們利用臉書相互聯繫，號召中秋節返鄉大團圓。

十餘位師長學生們見面恍如隔世，時間過得很快，團員大都出外工作就業，婚嫁生兒育女。師長說多年不見，有的同學都認不得了，大家一起享用美食與觀看當年拍攝的錄影帶，共同回憶人生中的那段美好時光。

有位同學把當年所穿的服飾及交流的紀念品，全都收藏在德國友人贈送的背包裡，包括特地為小朋友們量身打造赴德國交流參訪的制服，另外還有風景瓷板、牛排刀、剪報等。他特別強調，背包裝著德國所有的回憶與物品，無論什麼時候，就算是出外求學也要求母親必須保管好。

到德國交流演出是許多小朋友難忘的經驗，同學們記得：「在金髮的外國觀眾面前表演，心情特別興奮。」他們表演完，還有德國的小粉絲騎著腳踏車跟在車子後面追呢。

不幸遭逢八八風災的受災戶同學則感觸頗深，因為家中東西都沖走了，和同學相聚看著照片談論過去，往事一點一滴找回來，讓她很感動。有的同學說，當時還有德國阿姨要收她當乾女兒，她說加入舞蹈團的訓練讓她對族群文化更加認同，影響她一輩子。

為了紀念嘉蘭村人近代難能可貴的記憶，我們以排灣族頭目以及貴族家使用的重要器物——連杯，結合了德國人以馬靴設計的啤酒杯，邀請部落藝術家製作了「馬靴連杯」，將台德雙方交流的文化連結化為實體，也做為特展的主題意象。

連杯通常用於祭儀或結盟的場合，身分兩相對等的人物合飲，表示關係友好的象徵。部落藝術家說，這支特殊的「馬靴連杯」造形很酷也很特別，對他而言是一項挑戰，他不介意比製作一般連杯多花將近一倍的時間，因為它對部落而言有特殊的意義。

（二〇一二　嘉蘭部落）

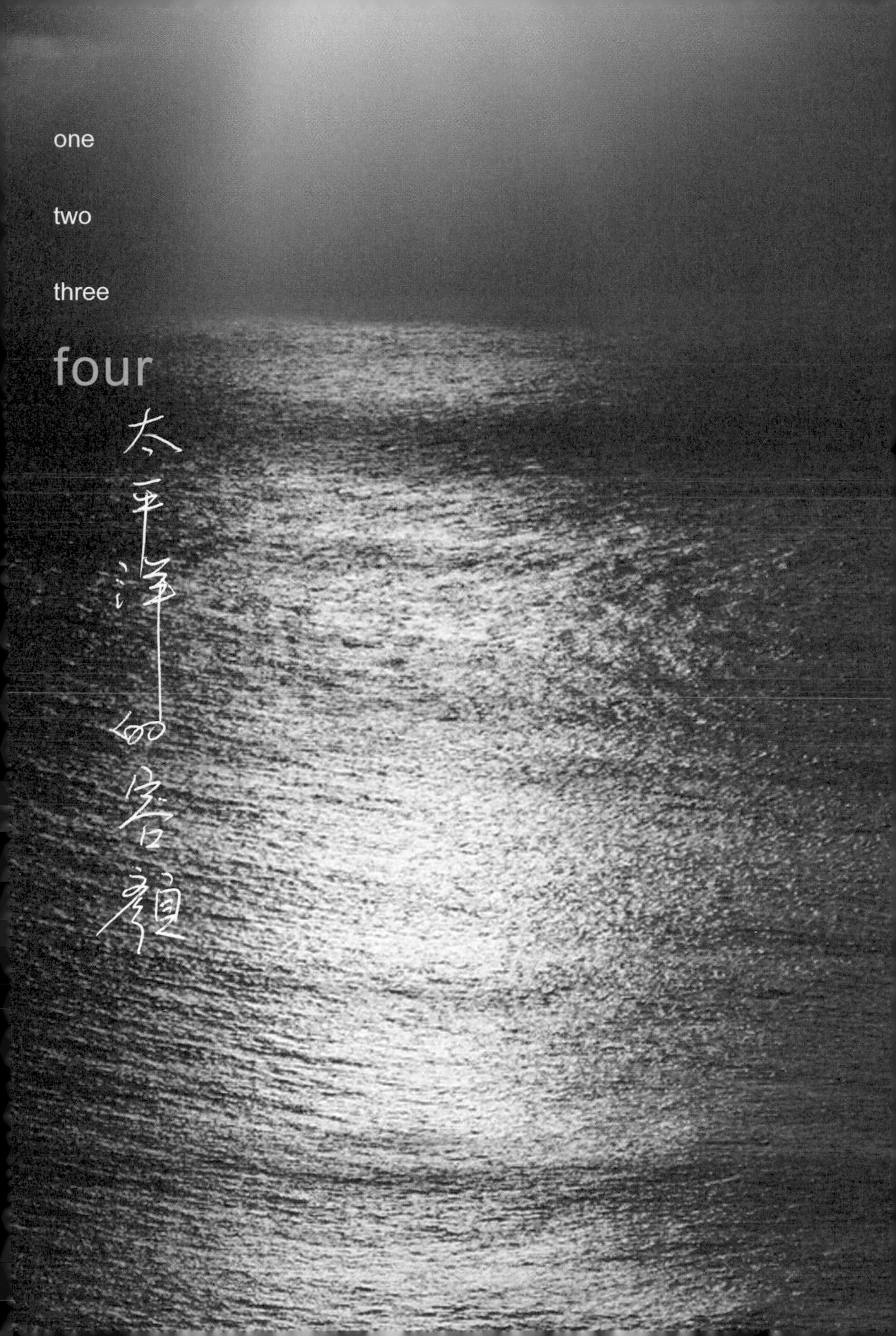

one

two

three

four

太平洋的容顏

廣泛的南島語族分散在太平洋、印度洋的各角落，

各自有著一張相似的臉孔，

拜當代社會交通便利、交流頻繁之賜，各地的族群有機會相聚，

發現彼此的文化如此接近，宛若久別重逢的兄弟。

52. 庫克群島的呼啦舞

庫克群島（Cook Islands）人從小學習一種名為呼啦的舞蹈，年輕男女穿著熱帶植物纖維製成的草裙或樹皮（tapas）一起共舞，用舞蹈表達情感。舞者主要著力於擺動胯部和臀部，上半身保持不動，時而疾時而徐、忽而快慢交錯，下半身草裙徐張若合，像是夏威夷草裙舞般迷人。

庫克群島女舞者的裝飾，喜愛取材自動植物做成的椰子殼、貝殼和樹皮等，另外在耳邊佩上一朵花，十分婀娜多姿，別有一番風味。島民利用的自然物與熱帶雨林氣候環境相關，當地一年四季花卉盛開且盛產椰子，加上終年清澈碧藍的溫暖海水，島民便利用貝殼自然物做成手工藝，例如項鍊、手鍊、胸飾等，椰子則以椰子油製作香水香皂等產品。

位於南太平洋的庫克群島，因一七七三—一七七九年由庫克船長發現而以其名命名，

2013
Agent

總面積兩百四十平方公里，屬於玻里尼西亞群島，由十五個島嶼和島礁組成。拉羅統嘎是庫克群島中最主要的島嶼，傳說祖先羅・統嘎羅阿約於一千四百年前，由馬奎沙斯島的努庫・西瓦，乘獨木舟到達拉羅統嘎，他把發現新島嶼的訊息告訴族人，並由兒孫輩接續夢想再度登陸該島，而將此美麗的海島取名「吐母—地—瓦羅瓦羅」（回聲的來源）。

太平洋是目前僅存的原始海洋生態系統之一，庫克群島陸地面積雖然不大，但周圍的經濟海域包含極具環保價值的珊瑚礁、海藻海床及漁場卻很可觀。面對豐富的海洋資源，庫克群島二〇一二年宣布成立全球最大的海洋公園，涵蓋面積一〇六萬五千平方公里的保育區，約為法國的兩倍。這個海洋公園將透過觀光、漁業和深海採礦等經濟發展利益，以及保存核心海洋生物多樣性之間的平衡，來促進永續發展。

二〇〇二年，庫克群島舞蹈團首次參加南島文化節，帶來了當地著名的歌舞曲目，在演出時特別以「花島」介紹這個南島語族的成員，節目單上例如「提阿累—拉羅統嘎」（我戴著花朵來自拉羅統嘎島）、「拉馬拉馬」（漁民乘著獨木舟航向北方尋找愛情）、「布拉撒」（你是夢中美麗的花朵）、「貝阿里—謝勒斯」（珍珠貝殼）、「依—拉羅—依—地—吐母母」（我在椰子樹下等候）、「佛朗依巴尼」（美麗的佛朗依巴尼花）等曲目，皆能夠充分反映出其熱帶花卉、美麗海島的特色，當然舞者的裝飾就是一種最佳的說明。

我在欣賞身上變換著各種植物纖維頭飾、胸飾的男女舞者的舞蹈時，感受到庫克群島男子剛強有力、女子婀娜多姿的舞姿，真是南島語族舞蹈力與美的表現。尤其是舞團安排了一位小女孩表演呼啦的獨舞，她可愛的舞姿與表現出庫克群島的傳統，讓現場掌聲與歡呼聲來得特別響亮。

（二〇〇二）

53.

斐濟樹皮衣與卡汀（卑南族織繡）的相遇

美拉尼西亞（Melanesia）希臘語意為「黑人群島」，在太平洋諸島中以火山作用形成的島嶼以本區域最多。美拉尼西亞人大致以體型稍矮、膚色黝黑、頭髮鬈曲為其特徵。重要的島群國家和族群包括斐濟、新幾內亞、索羅門、萬那杜、東帝汶、新喀里多尼亞等。

二〇〇五年八月，一場特殊的結盟盛會在台東舉行，斐濟群島（Fiji Islands）卡達姆（Kadavu）省與台東市結為姐妹市，十餘位斐濟人在市公所展現最高規格的結盟儀式。男性族人穿著樹皮衣、臉上塗抹黑色染料，身上著植物纖維裝飾，十足威武的勇士裝扮。

斐濟的樹皮衣無論樣式與裝飾，可能都是南島語族國家中的佼佼者。以石棒打製成的樹皮布，他們習慣將棕、黑染料，透過鏤空的模版技法，印上美麗的花紋，讓整塊樹皮布美觀又有質感，樹皮衣迄今仍是當地族人祭儀、宴席生活上的傳統服飾。

儀式開始，族人抬著一個鐵製大鍋，分成兩排席地而坐。長老在勇士的歌聲中進行祈禱，隨即將頂端綁著貝殼的長條狀禮繩伸展到台前，會場響起了吟唱聲，雖然只有簡單的拍手節奏及間歇吟唱，但是氣氛甚為莊嚴。

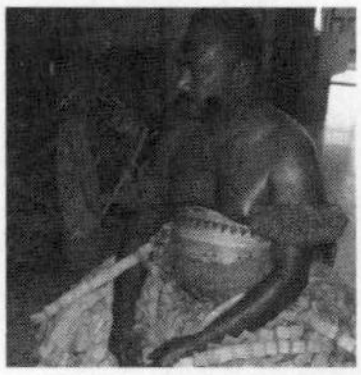

長老手上拿著絲麻狀植物在鐵鍋上來回磨擦並擰了數次，由此產生的汁液製成儀式中最神聖的飲酒，斐濟人稱為「卡瓦」。一名全身穿著華麗樹皮衣的族人，在象徵祝福的歌聲中，分兩次將酒獻給結盟的雙方代表飲用。

斐濟代表團隨後致贈了豐碩的禮物，除了披掛在市長頸上的植物纖維與貝殼製作的項鍊，還由族人手捧著一一獻上鯨魚牙飾品、樹皮布、手斧、木碗筷、扇子和繪製當地著名的閃亮鸚鵡的沙龍布料等等。

既然是南島語族的結盟和文化交流，台東市也特地準備了具象徵意義的傳統卑南族長

老服飾，全套的卡汀、腰帶、腰鈴和長老帽，當場為貴賓穿上，斐濟的貴賓滿臉驚喜與笑意，雙方披上代表當地的傳統服飾，從此，一家人更加親近。

卡汀是卑南族成年男子穿的後敞褲，布面上有精美的紅、黃、綠等顏色的菱形紋刺繡，穿綁於腰膝間，外觀呈現一種極為英挺的感覺。樹皮衣則是南島語族的傳統服裝，許多地區都有樹皮衣製作的紀錄，現今阿美族都蘭部落還將樹皮衣製作方法加以復振，做為部落永續傳承的文化。

簽訂儀式完，斐濟舞者擊掌換成緊湊的節拍，跳起剛猛的舞步，興高采烈的慶祝結盟成功，婦女們則以合唱表達祝福，整場轉換為歡樂的氣氛。一場儀式，經歷了斐濟人莊重與歡愉的傳統，讓人印象深刻。或蹲或躍的舞步配合著簡潔的節奏感染全場，舞者上半身飽滿而強壯的胸肌，在汗水的浸透下，愈發讓人感受到力量的震撼。

夜晚，卑南族人也以充滿歡樂的歌舞和小米酒歡迎這群遠方的兄弟們，樹皮衣與卡汀的世紀相遇，就在大家把酒言歡中劃下圓滿的句點。

（二〇〇五）

夏威夷風潮

54.

二〇〇六年，史前博物館的氛圍相當「夏威夷」，比夏博物館（Bishop Museum）帶來一批夏威夷（Hawaii）文物嬌客，這些飄洋過海的傳統文物來到台灣，如同離散多年的遠親一般十分親切，細讀其文化內涵卻感覺到略帶陌生的相似感，讓我們發出深深的驚嘆。

夏威夷的傳統文物中，有幾項特別引起我的注意，如造形威嚴稱為「庫」的木雕神像、由歐歐鳥羽毛製成的披風和狗牙串成的「庫貝」節奏樂器等。庫與卡內、卡那羅亞、羅諾是夏威夷傳統四個最重要的神靈，庫被族人尊奉為戰神，似人獸合體半蹲造形，長髮大眼且張口，據說是部落酋長的保護神，對夏威夷人的傳統農耕、漁業與政治及日常生活有很重要的意義。

在夏威夷的信仰觀念裡，庫與羅諾是兩個對立的神，代表著人與自然神靈的關係，前

Agent
2013

者是酋長王國擁有的權力，有著強而有力的祭司團所形成的貴族系統，後者則以黑以奧（神廟）祭祀為主，守護著傳統節慶儀式，尤其以每年的馬卡希基（豐年祭）舉行期間，羅諾神由族人抬著出巡其影響力區域，通常是環繞整個夏威夷島，接受各地羅諾神廟信仰族人的膜拜。

第二件是羽毛披風，在展場上，它用一個透明壓克力製成的圓錐體支撐著，紅色與黃色羽毛相間呈圓扇形，款式簡單卻散發著貴重的氣息，資料上說它是國王或王后的裝飾佩件，由歐歐鳥羽毛製成。這種鳥目前已絕種，從圖片上看來，歐歐鳥全身呈黑色，僅在翅膀兩側有少數黃色羽毛，因為稀少罕見，製作時要蒐集大量羽毛，同時必須小心固定成束再編織起來，應該十分耗費功夫。

另外，庫貝節奏樂器也是展場上的焦點，乍看之下像某種植物種子以繩子綁緊再由小至大排列而成，仔細看才得悉竟是數百顆狗牙所串成。從手繪圖片上看起來，這類庫貝是綁在小腿上，較小的一端綁在膝蓋關節下，大的一端則不固定，當身體移動或跳躍時會發出聲響，成為自然伴奏的節奏樂器。

除了庫木雕神像之外，其他兩類物件在現代夏威夷已經少見，在夏威夷比較為人熟知的是玻里尼西亞文化中心（Polynesian Cultural Center），將夏威夷、薩摩亞、紐西蘭、大溪地、東加等玻里尼西亞諸島的文化結合成觀光表演，非常受到觀眾歡迎。

我們比較認識的夏威夷文化，大概是穿著花布衣裙或草裙翩然起舞的夏威夷女舞者婀娜多姿的印象，好像已成為熱情舞蹈的象徵，其實南島語族和原始民族的舞蹈都與儀式有關，傳統的夏威夷草裙舞「呼拉—卡基扣」有儀式性的需求，從布列（祈禱）、歐利（吟唱）伴隨舞蹈和魅列（歌曲）表演，主要是歌頌祖先事蹟，到了卡拉卡烏阿國王時代把它提升為國寶級舞蹈。

現在我們看的「卡基扣」和「奧阿那」草裙舞則是二十世紀後才出現的名稱，尤其是外來的吉他和四弦吉他等樂器進入夏威夷後所發展出的舞蹈，舞者也將草裙舞的表演形式與詮釋開放，用樂舞來介紹自己的家鄉或島嶼。

（二〇〇六）

55. 印尼的馬波塔（搗米舞）

南島語族（Austronesian）分布範圍東起南美洲的復活島，西到非洲東岸的馬達加斯加島，北至台灣，南達紐西蘭，在這片廣大太平洋和印度洋海域的諸多島嶼，都屬同一語系，包括約一千三百種語言，總人口數約兩億五千萬人，絕大多數居住在東南亞的菲律賓、印尼、馬來西亞，至於新幾內亞以東的太平洋島嶼則有一百多萬人。

二〇〇四年舉辦的南島文化節特別邀請了印尼（Indonesia）團隊參加演出，印尼舞者表演一齣馬波塔舞蹈，女舞者身穿紅、黃、綠三種顏色的傳統服飾，肩上披了小披肩，頭戴帽飾進行表演，隨著音樂翩翩起舞，強調手掌姿勢的變化，雙腳蓮步左右移動，讓人看到了印尼南島語族婦女溫柔婉約的風采。

節目介紹中說，馬波塔舞蹈是由女子以柔美的身段，結合手勢呈現出優雅迷人的氣質，早年只在稻米收割完舉辦節慶時才會出現。印尼地處於亞澳大陸之間，屬熱帶海洋性氣候，高溫多雨，適合農作物生長，水稻種植主要地區在爪哇島，約占全國耕地面積的百分之五十五，另外也種植玉米或薯類。印尼人以稻米為主食，食用方式喜歡將食米或糯米用香蕉葉或棕櫚葉包成菱形蒸熟來吃，稱為「科杜巴」。

傳統上，印尼男子平時不能隨意出入女子家中，違反者通常要接受嚴懲，婦女們於是藉著稻米收割進行搗米的機會，公開參與部落的社交活動，進而演變成為一齣具有特殊意涵的舞蹈。

整齣舞碼只有展現女子的舞姿，沒有熟悉的杵臼道具輔助，或許是表演形式不同抑或是遠道而來不便攜帶，倒是舞碼的原意，即是讓印尼男女利用這個機會相識，在部落社會正式場合，以公開的態度欣賞婦女楚楚動人的一面，搗米的姿態顯得特別美麗而優雅。早

期台灣原住民部落也常見族人杵臼搗米的情景，清晨早起的婦女為家人準備食物，搗米是必要工作之一。搗米時在屋前空地上，如果是兩人一起工作，起落有致的律動，彷彿是帶著節奏的畫面。

台灣的原住民過去以小米為主食，收穫祭儀圍繞著小米而展開，倒是近代阿美族人改種稻米，每年的豐年祭也以稻米收割後做為舉辦節慶的時間。阿美族人的米食製作也很普遍，飲食型態自然產生頗多影響；馬蘭阿美族人是將糯米蒸熟，放入木臼中，由婦女們以木杵輪流捶打，使糯米均勻，增加食用的Q度，食用時可依喜好配上醃鹹魚、獸肉或花生粉，阿美族人稱為「杜侖」。

生活中處處充滿歌舞傳統的阿美族，依舂米的習慣，編成多種舞蹈展現，就如同婦女們拿著木杵輪流在木臼中捶打米食一樣，我們也習慣於族人配合著歌謠舞步，呈現豐收歡樂的氣氛。

（二〇〇四）

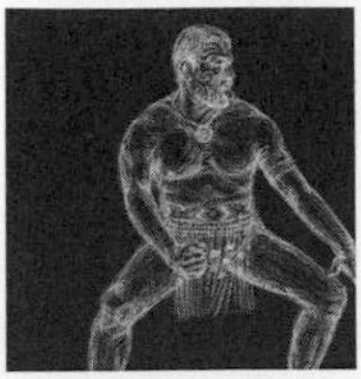

56. 吐舌的毛利人

我們保留著一張初識紐西蘭毛利人（Māori）的照片。照片中，站在我們身旁兩位高大粗壯的毛利勇士上身赤膊，腰上圍著毛利圖案腰帶，下半身著珠串短裙，脖子上分別掛著飾物，臉上畫滿渦型圖紋，手上還持著長矛，相當勇猛而虎虎生風，讓人望而生畏。

那是南島語族分布最南邊的毛利人於一九九九年首度踏上南島原鄉的台東，他們下鄉和布農族人進行第一次接觸，毛利婦女以「紅基」（碰鼻禮）迎接賓客，和善的靠近布農族人碰碰鼻子，得到互碰擦出的誠意，始將之列為朋友並接受婦女們彩球舞歡呼。

毛利族女性身上穿的則是改良過的肩帶上衣，同樣的，也繡上了豐富的傳統圖紋，臉上彩妝替代昔日的文面圖紋，畫在嘴唇下巴處的紫黑色澤，映襯著美麗笑容下露出的潔白牙齒，很是嫵媚動人。只見布農族婦女看著這種特殊的裝扮禁不住掩著口，指指點點笑得很開心。

毛利族人隨後跳著傳統「哈卡」舞蹈，揮舞著手上的長矛、瞪大眼睛、吐出舌頭，把人嚇唬得失魂落魄，過去毛利部落間聚會儀式皆用此方式互動。這種舞蹈也稱為「戰舞」，用於決戰前威懾敵人。如今紐西蘭國家橄欖球隊出賽前，也習慣以此向對手挑戰。

在早期排灣族的習慣中，也存有與毛利人相似的碰鼻與吐舌等特殊習俗，鼻子互碰的族語稱為「蘇馬勾西」，表示親密，是地位低者對地位高者之禮。至於受到矚目的吐舌動作，在拉魯庫魯庫社的舌頭伸出和以手指撥開眼睛，都是蔑視對方的表示。

一九五六—一九五八年，人類學家在太麻里利里武部落祖靈屋，發現罕見的吐舌人像木雕，這塊橫楣上雕刻有三個人頭像、兩隻蛇和兩隻野豬，人頭像之間隔以盤繞且昂首的蛇圖紋，尤其是左右兩側的「吐舌」造形頭像，在台灣地區原住民的藝術表現甚少運用，顯示了南島語族藝術表現的類緣關係。

我們觀賞了難得一見的毛利舞蹈，感受了肢體語言的震撼和威懾敵人的氣勢，只是僅僅一場展演，文化的碰撞動靜之間變化得太大，讓布農族人有些措手不及。

在結束後，利用機會請求與毛利人合照，我把小女兒拉過來一起拍照，但是小女兒可

能是看了滿是花臉、高大粗壯的外國男子，覺得害怕或不好意思，幾次掙脫著想離開，被我一手拉了回來，才留下了一張有趣的畫面。

（一九九九）

他看我我看他就連起來了

57

在史前博物館舉行的二〇一〇年世界原住民廣電年會上，遠方來的毛利族人於開幕前特地進行祈福儀式，這個習慣我們並不陌生，因為台灣原住民族也經常在各項活動開始前應用。

南島語族在太平洋區域分為玻里尼西亞（Polynesia）、密克羅尼西亞（Micronesia）、美拉尼西亞等三大島群，居住於紐西蘭的毛利人則屬玻里尼西亞範圍的最南邊，他們先後來過台灣台東數次，對此地已不陌生，只是此行任務係與其他世界原住民族廣電媒體人員相互交流。

身穿傳統羽毛與植物纖維編織而成披肩的長老，手持木製手杖禮器，在婦女與族人伴隨下，吟誦祈福祭文，由手握長矛的毛利勇士引導前進。毛利人展現威武的氣勢，呈現出

毛利族的剛柔並濟
在男女的裝飾與其樂舞上清楚呈現
Agent
2013

肢體的力與美，為大會驅除邪靈，勇士揮舞著長矛，以行進的步伐結合變換長矛的方向，或旋轉或刺擊，虎虎生風的姿態很強悍，同時口中不時發出簡短如雷的吼聲，同行族人隨著節奏拍膝、跺腳的聲響，更令在場的人感受到出奇的震撼。

我擠在一群記者和攝影工作者之間，忙著找空隙拍攝記錄，另一端由台灣原住民排灣族新香蘭部落年輕人準備的祈福儀式也緊接著展開。族人在鐵鍋內燃燒起七里香葉子，並且點燃小米梗，放置於竹桿上高舉起來，小米梗煙霧瀰漫直上天際，主持祭儀的族人高呼「道」數聲，藉著升煙，在族人吟唱祈福歌謠聲中，向天上的神及祖靈稟告，遠方來的朋友已經進入會場了。

毛利長老靠近火堆，勇士蹲著將長矛平放在膝上，面向火堆致意，長老則拾起七里香葉子，輕輕放入燃燒的鍋內，口中吟唱的祈禱文與香蘭部落族人融入一起，顯得自然、平順，且彼此呼應，好像事先約定好的動作一樣。

隨後，年輕人湧向會場大門前，門口事先綁上數排橫放的竹子，意謂設下的障礙，族人取出佩刀將竹子砍成數節，象徵打開阻礙、驅除任何汙穢不祥之物，讓活動能夠順利完成。

雙方雖然語言不通，但是憑著肢體語言及同屬南島語族血緣的默契，順利的將相隔千里的族群文化連結起來。私下問了香蘭部落的友人，才知道這場儀式並沒有經過彩排、走位，完全憑著兩個民族與生俱來的直覺而進行，居然毫不造作。出席的毛利勇士認為，這是因為彼此文化相近，動作想法也一樣的關係。香蘭部落友人則說：「他看我，我看他，就連起來了！」

（二〇一〇）

58. 馬達加斯加的瓦利哈（竹筒琴）

隨著馬達加斯加（Madagascar）團隊進入台東縣原住民部落參訪，在排灣族部落前，因為小村子無法容納大遊覽車迴轉，臨時在當地小學校門前停車休息。一下子來了這麼多不同膚色的外國人，校方發現機不可失，老師立即變更教學內容，讓小朋友們實地學習。活潑的小朋友略帶羞澀，滾動著大眼睛，卻以愉悅的心情，不斷說著「哈囉」、「哈囉」歡迎來賓。

這是二〇〇二年冬季台東南島文化節期間的一段插曲，第一次造訪的馬達加斯加樂舞人員沒有露出不悅的臉色，反而現場即興表演起獨門樂器的絕活。這種稱為「瓦利哈」的竹筒琴，放置在膝蓋上，以手撥動琴弦發出叮叮咚咚的聲響，琴聲和小朋友們合成一片，圍在外頭的小朋友們瞪著好奇的雙眼，觀看這個古怪的樂器，一面哼著有些熟悉的旋律，像加演一場合奏會。

來自馬達加斯加的朋友說，島上盛產竹子，瓦利哈即是利用竹子製成的竹筒琴，樂器就是名副其實的一根竹管加上絲弦而已，一般約十六至十八根弦，因為易於隨身攜帶，可隨時隨地用琴藝表達生活瑣事或配合歌曲抒發情懷，和外人交流十分方便。

竹筒琴歷史久遠，因其材料與結構簡單，製作起來相對容易，演奏音律雖然較單調，但仍被樂器學家視為現代弦樂器的鼻祖。事實上，馬達加斯加的特殊樂器大致可分為提琴類如羅安嘎（五弦提琴）、羅安勾（六弦提琴），鼓類如卡叉（錫罐鼓）和箏類等樂器，瓦利哈即屬於箏類樂器的一種。演奏家必須向外手持著樂器，然後在竹筒上撥弦，除了獨奏外，族人通常也搭配各種弦樂器演奏，在各項慶典或活動中擔任吃重的演出角色。其他的樂器還包括卡布西（吉他琴）、蓋洋巴（打擊樂器）等多項，甚至以自然界中的竹管加

Agent
2012

上弦線、豆子，或用稻草也可以做出打擊的節拍器。

馬達加斯加位於非洲東南部外海，是世界第四大島，由於當地自古以來即是南洋與非洲往來的通道，馬達加斯加人血緣早期混合印尼人與非洲人，近代人口組成尚包括阿拉伯人和印度人等移民族群，居住民族總稱為「馬拉加西人」（The Malagasy），因而島上文化合成精彩，涵蓋東南亞、印度、非洲及中東地區的豐富多元文化，尤其是印尼文化的影響最為普遍，從語言、信仰和以米食為飲食基礎等方面，都可發現印尼文化的元素。

從遙遠非洲來的馬達加斯加人，看起來比較像是非洲人的體型與外觀，不過語言不同於非洲主流語系，而是獨特的南島語系，被列為南島語族大家庭分布範圍最西邊的成員，藉著南島文化節千里來台相會，這是歷史性的一刻。族人說馬達加斯加是南島語族中唯一使用瓦利哈竹筒琴的族群，透過簡單而獨特的樂器，在熱帶區域的台灣也能夠激起廣泛的漣漪，令人驚嘆。

（二〇〇二）

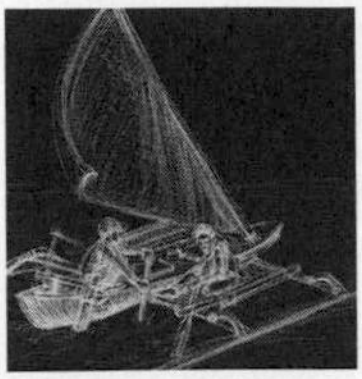

59. 馬紹爾橫越海洋的豪情壯志

馬紹爾群島（Marshall Islands）的造舟工匠合力打造傳統的舷外浮桿獨木舟（outrigger canoe），放置好龍骨後，以一片片木板接合成舟身，然後削合舷外浮桿，形成獨特的舟身造形。造舟工匠邊做邊上油漆，間或在供搭乘及放置貨物的橫向平台上休息，隨後開始一針一線縫製獨木舟風帆。藍色帆布是在台灣選購的，工匠們對台灣堅韌的帆布愛不釋手，還說希望可以多帶一些回去。

馬紹爾人說，獨木舟是他們的驕傲，在家鄉也是群島之間交通和運輸食物的重要工具，造舟的材料通常是樹木和藤條，航行時再升起三角形的風帆藉著風力行駛，用獨木舟征服海洋。

南島語族海洋遷徙的傳統，除了舷外浮桿獨木舟的製作外，學者曾研究過馬紹爾群島

南島語族之舟
橫越太平洋的
勇氣和智慧令人
佩服 Agent
2013

的木棍海圖（stick chart）。海圖模型整體以椰子樹葉梗為骨架，用繩子綁緊、相互交叉編織成格狀，在各點綁上貝殼，交叉的格狀是海圖，貝殼代表島嶼、珊瑚礁，是一幅用自然物飾成的海圖。

馬紹爾人的海洋文化傳承，以此木棍海圖出發，學習與島嶼間特定的波浪及洋流概念。事實上，他們更多時候是靠著記憶，出海時仔細觀察波浪的變化，或躺下來感受船身的波動，探知波浪在島嶼反射後又再交會的情形。

馬紹爾的航海經驗也從觀察星象、海浪、洋流、風向等來辨別方向，更細膩的從海浪的擺動與形狀、海鳥的飛行方向、海的顏色、雲層的顏色等現象來判斷與陸地的距離。馬紹爾人靠著這些海洋知識，可以順利航行到東部的夏威夷、北部的瓦克島、西部的波恩貝和南部的基里巴梯等廣大海域和地區。

在歐洲航海家至大洋洲探險前，南島語族就憑著這種無動力的「一葉扁舟」技術和海洋知識，藉著風力、潮汐航行在浩瀚的海洋上進行遷徙，幾乎遍布了大半個地球。從另一項證據——拉匹塔陶器的紋飾、年代及分布線索，考古學家推測南島語族橫渡海洋，目的可能是為了從事貿易，每年利用季風的改變，將拉匹塔陶等相關物品航向各島嶼，並等候季風轉向再返回自己的家園。如此航行於北起夏威夷、東至復活節島與南方紐西蘭的廣大海域。

海洋遷徙是非凡的挑戰，日本航海探險家關野吉晴從二〇〇九年起，曾親自駕著仿古南島語族船打造的「繩文號」舷外浮桿獨木舟，從印尼蘇拉威西島出發，二〇一一年六月，順著黑潮經由菲律賓巴丹島抵蘭嶼、成功，再航向石垣島，分段體驗長達四千公里的旅程。

仿古船整體為木造，舷外浮桿的連接，以樹藤捆綁固定，船身的白色防水塗料，是椰子油加上石灰調製，風帆則是利用椰子殼的纖維打造。航行全程沒有現代儀器，僅靠著風力和人工手划，且依太陽和星象辨識校正方位。

關野的航海探險實踐早期南島語族人使用的傳統航海知識與經驗，可以成功進行島對島的遷徙，也證實南島語族藉著海洋遷徙形成人口分布區域最多、最廣的族群。這一項非凡成就，不僅代表南島人的豪邁和冒險精神，凸顯我們認知的卑微和渺小，尤其令人佩服的是，距離現代久遠的史前時期，這些活動就一直持續在進行著。

（二〇一二）

60. 諾魯三人船

近年來全球氣候變遷、海平面上升，加上地震引發的海嘯，新聞也經常提到馬爾地夫、吉里巴斯這些美麗的小島國，有一天恐被淹沒在海水底下的預警，不免讓人為太平洋上的島國憂慮，賴以生存的環境一旦消失，這些島國獨特的海洋文化還能傳承下去嗎？

在這片南太平洋海域中，有一個島國——諾魯（Nauru），屬於密克羅尼西亞島群，面積僅二十一・三平方公里（蘭嶼全島四十四・六平方公里），由十二個部落組成，是世界上最小的島國。二〇一二年，南島文化節曾經邀請諾魯人來台進行造舟文化交流，現場製造各具特色的獨木舟，引起我對這個南島語族國家的興趣。

諾魯總面積雖然小於鄰近由許多小島嶼組成的國家，例如吐瓦魯、吉里巴斯、馬紹爾群島等國，但卻是個完整獨立的島嶼國家，有自己的海水淡化廠、機場，駐在當地的台灣農技團也協助種植蔬菜，生活機能尚能自足，難怪一七九八年英國人發現這個島嶼時，就稱它是Pleasant Island（愉悅之島）。

諾魯曾是一個富裕的國家，因為遍地蘊藏億萬年所累積的海中有機物和鳥糞形成的優質磷礦，從一九〇七年起其主要的經濟就是出口磷酸鹽。這個由海水沖積珊瑚礁堆積而形成的諾魯島，在西方國家投資大量開採後，島民因而受惠享受到極好的社會福利。但天然資源總有耗盡的時候，一九九〇年代礦產逐漸枯竭，島上迄今仍可見怵目驚心的棄置機械，從上天的眷顧到回歸平淡，諾魯的遭遇值得所有島嶼國家警惕。

無論如何，諾魯是一個島國，靠海洋生活，與舟船關係密切，最早在這裡定居的密克羅尼西亞人和玻里尼西亞人，也駕著獨木舟從事漁獲，往來鄰近島嶼。製作這種舷外浮桿獨木舟是一項重要且特殊的技藝，造舟人普遍得到島民的尊敬，因此往往可獲得實質的物資或食物回饋。

傳統的造舟過程極為繁複，首先準備石斧、石刀等製作工具、尋找適用的木材，通常選用稱為「伊喬」樹的樹幹製作船底龍骨部分，兩側則以麵包樹幹材料拼成，所有木材需經一段時間浸泡，以防止海水侵蝕，最後才製造舟船主體和舷外浮桿。有時候，講究一些

Agent
2012

的獨木舟會舉行下水儀式後才使用。

諾魯人在台造的舟船是平時常用的一人獨木舟，使用材料是在台灣採買的木頭、尼龍魚線等，特別是耐用的台灣魚線他們非常喜愛，用它穿透木頭後再以繩結固定，方便以手工的方式打造諾魯舟船。看著他們製作舷外浮桿，諾魯人打趣說，這是船的「裙襬」。完成後的獨木舟下水，感受這場舟的盛宴讓南島語族以舟會友，諾魯人的舟還特別繪製了兩國國旗，表現十足的誠意。

活動資訊上提到，諾魯最大的舷外浮桿獨木舟僅能乘坐二或三人，一般是一前一後划舟。但就算是兩人在船上，諾魯人也習慣將獨木舟當成第三人看待，從此不難了解獨木舟與諾魯人的深厚感情了。

（二〇一二）

驚艷新幾內亞

61.

二〇〇四年，我在博物館接下一項策展任務，其中有一個單元是新幾內亞（New Guinea）的新收藏品。在同事的協助下，考量具有文化與藝術內涵的表現，從中挑選了包括手斧、面具與木製號筒等文物。

新幾內亞人種屬於尼格羅種，語言上分屬於南島語系與巴布亞語，歧異度相當大。島上生態環境十分複雜，也衍生出許多相關的精靈信仰、神話傳說、祭典儀式與藝術表現，而面具與號筒則讓我十分驚奇。

通常在舉行祭儀時，族人會穿戴面具，扮演與超自然溝通的角色或模擬神話或傳說中的情節。面具的材質皆取之自然，因各地區的習俗與神話傳說之不同，而產生不同的形式、功能與意義的差異。雕刻品大都刻劃祖先、神靈或精靈的形象，在祭儀中做為與超自然溝

通的媒介，所以雕刻過程必須嚴守禁忌，祭儀完畢後也必須將其銷毀。

比較特殊的，是民族音樂學家將之視為一種氣鳴樂器的號筒（kul）。這類樂器簡單稱之即木製喇叭，吹奏時可以鼓舞士氣戰勝敵人。新幾內亞號筒則是早期獵首後，在凱旋慶功儀式上族人以其聲音表示獵首戰爭的勝利，號筒頂端刻劃象徵祖先的頭像代表力量與護佑功能；另筒子上刻劃橫條，每一橫條表示殺敵一人。

對於這個似陌生又熟悉的南島國家文化拼圖，只有在南島文化節中看見他們精彩的表演。無論男女均擅長裝扮，女性從頭到腳以羽毛飾品打扮得美艷動人；男性更不遑多讓，臉上高彩度的彩繪最為人熟知，經常整個臉龐上彩只剩下眼、嘴，其他皆精心繪上鮮明的顏色。此外，身上穿戴包括各式配件與裝飾，極盡華麗繁複，尤其鮮明突出的長型鳥羽帽飾，閃耀著明亮繽紛的色彩。透過這些原始美感經驗的裝飾，也許可以為我們開啟另一扇窗，體驗他們的藝術與人文內涵。

新幾內亞的天堂鳥名聞全球，就連國旗上都有牠的圖案，由於天堂鳥色澤鮮豔美麗，除了當地人喜用鳥羽來裝飾，同時也雕刻了各類鳥形圖紋工藝創作外，十九世紀時，每年至少有五萬隻以上的天堂鳥被運往歐洲，做為歐洲婦女帽子上的裝飾品。

事實上，天堂鳥總共有二十屬四十三種，如含亞種則有一百一十二種，其中新幾內亞就占有三十九種。一五二二年，麥哲倫所率領的船隊自摩鹿加群島帶著天堂鳥標本返回西班牙時，因為沒有鳥腳，被誤解在天上飛翔而不降落地面，只生活在天堂，因此命名為"Bird of Paradise"。但該標本無腳是因為當地族群將鳥爪切除做為頭飾之用，才沒有鳥腳。一九二四年全面禁止出口，現在天堂鳥皆已列入〈華盛頓公約〉二級保護的鳥類。

我們特別選擇他們常用的鳥造形圖紋做為活動的主題，利用麵包土等材料，製作出富新幾內亞色彩的別致髮飾，另外也以他們常見的面具造形，應用厚紙設計加上色彩，製作成為可以掛在臉上的新幾內亞風格面具，大小朋友們都玩得不亦樂乎。

（二〇〇四）

62

帛琉阿拜（男子會所）

在帛琉（Palau）有個流傳的神話：「烏伯」在村內是出名的好吃懶做且性格暴戾的人，村人一直很想整他，有一次趁其熟睡之際將他綁起來並放火燒，烏伯驚醒掙扎，最後身體碎裂成了現在的帛琉群島。這樣的傳說故事可以具體的在帛琉男子會所（阿拜）的建築裝飾圖案中看到，一般到帛琉旅遊的人也經常到當地男子會所去參觀，體會南島語族的傳統文化。

二〇〇一年台東市和帛琉艾美利克州締結姊妹市時，帛琉政府特別派遣一組工匠師就地建造一棟男子會所贈給台東，為了尊重與忠實重現當地文化，重要建材如屋頂覆蓋的紅樹林葉片多半從帛琉空運來台，雖然屬文化移植重現，但是慎重的態度在當時傳為美談。

在帛琉匠師工作期間，我曾經以影像記錄了整體過程，從基礎的木造結構，到細緻的傳統圖紋雕刻，甚至於落成時長老在火塘上主持啟用儀式、婦女們的舞蹈祈福，讓人欣賞到帛琉文化的豐美。

帛琉男子會所建築內外各具意義的雕刻彩繪裝飾一樣不少，例如大量的魚與鯊魚象徵和平、蜘蛛是財富、公雞及蝙蝠的圖案代表帛琉人的門神。會所的功能則是男人聚會討論部落大事的場所，一般來說是禁止女人進入的。從會所建築正面入口的三角形山牆上彩繪的裸身雙腳跨開的女性圖案，可以看到帛琉人生命傳承的意涵：在進入會館時，男子都要從女性的胯下過去，代表著時刻記著生命中重要的女人（母親、妻、女），這正是帛琉母系社會的象徵。

帛琉會所制度與母系社會傳統，與台灣原住民族社會文化可以有多樣性對話空間，產生南島語族的文化連結，例如馬蘭阿美族的男子會所稱為「斯飛」，平時家中大小事通常都是母親決定，男子負責勞動工作，在家族的地位低下，但是會所內的事務女子則不加以干涉。

帛琉男子會所在台灣的重現，緣起於外交政治的文化餽贈，落成時還曾經邀請兩國重量級政要風光剪綵。整棟建築不僅散發著帛琉傳統海洋文化之美，也是台灣、帛琉雙方友

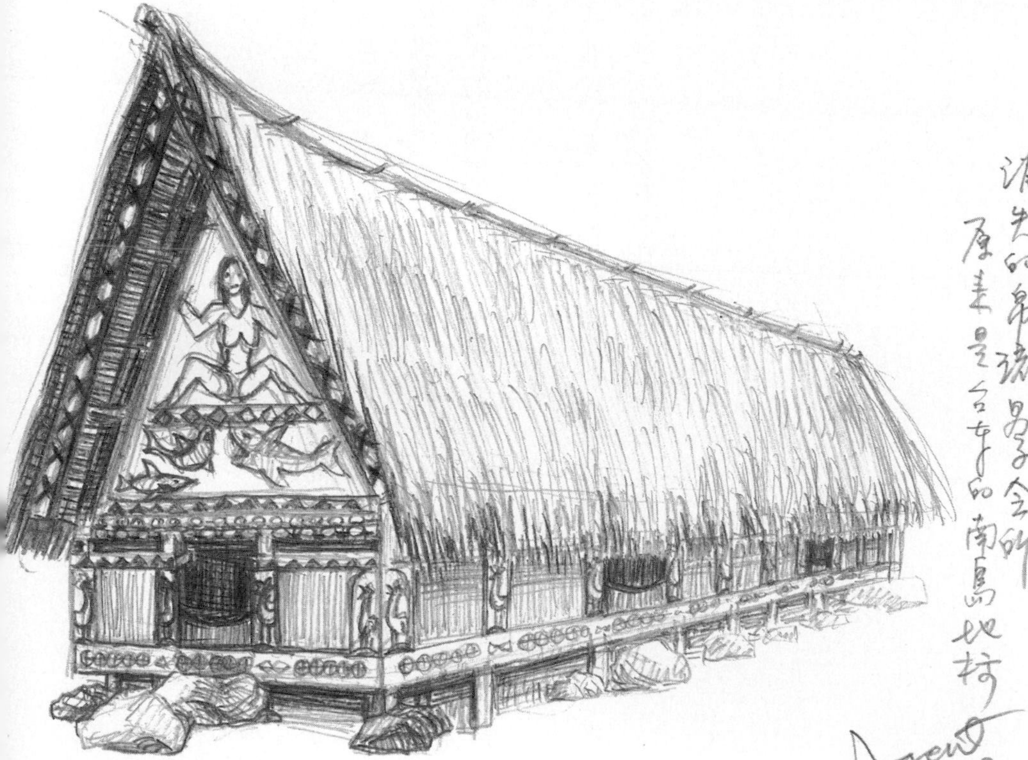
消失的帛琉男子会所
原来是台东的南岛地村
Agent
2013

誼的象徵，成為台東市海濱公園獨特且富南島人文氣息的地標，展現出本地多元文化的表徵，凸顯了台灣原住民族在南島語族大家庭的位置，同時也添加無限觀光資源與效益。

二〇一二年天秤颱風過後，帛琉男子會所在台十年的命運驟然而止，遭吹垮的建築物棄置後接著被清除殆盡，期間幾乎未有人關心聞問，就此無聲無息的在土地上消失。眼見它的榮枯過程，給予我們許多警惕：

1. 如果帛琉男子會所展現的是與國際牽手的企圖，近年來我們的族群、文化政策視野是否因而加寬加闊？

2. 如果代表的是南島文化的連結，我們的多元文化教育是否對社會更加包容與尊重？

回顧帛琉男子會所在台灣十年的美麗與哀愁，它其實是一項檢驗。

（二〇一二）

帛琉大船入館

63,

密克羅尼西亞在希臘語裡意為小島，位於西太平洋。大約在四千年前，密克羅尼西亞人就已在當地生活，他們的身材中等，擁有棕色皮膚及黑色頭髮，直到十六世紀才由西班牙人最先發現。一九四七年聯合國將其交由美國託管，一九七九年密克羅尼西亞聯邦（The Federated States of Micronesia）成立，一九九一年成為聯合國會員國。

密克羅尼西亞共計有兩千五百個以上的島嶼，重要島國族群包括帛琉、馬紹爾、諾魯、吉里巴斯、關島等。各島嶼風光自然，碧海藍天加上處處椰林，十足典型的熱帶風情，近年來極力發展觀光旅遊事業。唯在太平洋區域屬熱帶海洋性氣候，成為颱風起源地之一（例如加羅林群島附近海域）。

二〇〇四年，一艘罕見的帛琉大船出現在史前館大廳，引起參觀民眾好奇的目光，棕

農曆大年初二封春拉軍南乃園開筆
毘吊瑞舞者

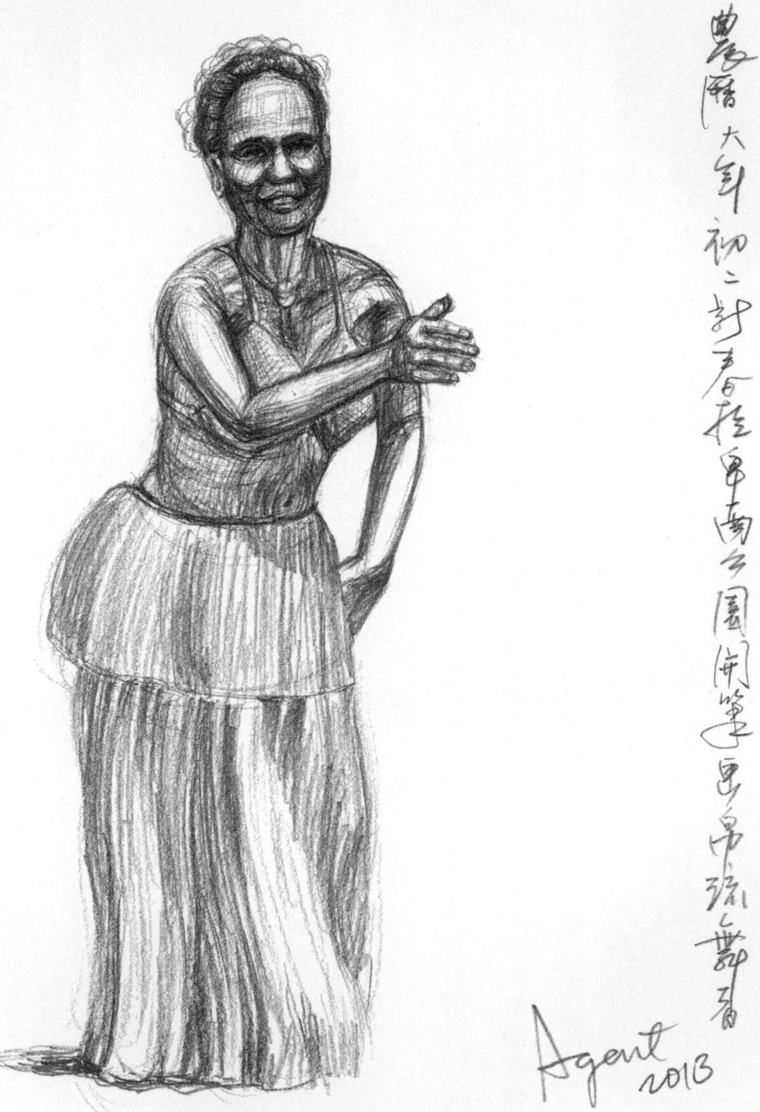

Agent
2013

紅色的船身，加上一塊白色大帆，右舷以支架連結一塊浮板，獨特的造形引起眾人注目。這種船稱為舷外浮桿獨木舟，是南太平洋南島語族重要的傳統船隻，島民靠著它進行遷徙與貿易。

這艘七人大船事先在帛琉完成基礎製作，船身由當地原生種烏卡勒（帛琉木）刨製而成，船身長八公尺，可搭載三到七人。由帛琉恩切薩爾州的恩切薩爾人負責造船，依傳統造形設計，十四名工匠花了兩個月時間完成。

與台灣的海洋民族雅美（達悟）族造船文化相似，造船在帛琉是男人專屬的工作，女性忌諱去碰觸。造船沒有特別季節的限制，使用的大型木材除了烏卡勒外，尚有美杜烏、拉斯等原生樹種，選材時則有一定的規範，必須避開樹木正在結果或是落葉時節。雅美人則是在造船前就會上山選木頭，並且常去巡視關心，船身龍骨主要為台灣龍眼木，其他以板根寬大的樹木削成弧形板，以便接合。雅美人工作時，會將船身所需要的木板在山上伐樹現場先行削成船身需要的板型，再帶回住家工作房進行修飾及拼裝、雕刻與上色等工作。

帛琉大船入館前，為了方便運輸，將船件分開裝載，三、四位帛琉人隨船來台灣，在館內進行組裝。我在場邊觀看帛琉匠師組裝操作，他們熟練的以麻繩將事先完成的船件加以固定，尤其是船身右舷支架連結的浮板，它可以在大海航行時維持平衡穩定，便於長程航行。另外底艙可以擺放貨物與食物，航行時由三人划著船槳與船舵前行，船尾的人持舵並控制風帆方向。工作的最後，帛琉人揚起風帆，好像大船駛入館內一般。

帛琉船開工與建造完成時，帛琉人通常會舉行慶祝活動，準備美食，大家一起共舞歡樂，雅美人則是有隆重的拼板舟下水儀式。進到館內的這艘船，也配合舉辦祈福儀式，不同的是請來了卑南族建和部落祭司舉行傳統的祈福儀式，以檳榔、陶珠及麻繩做為祭器與祭品，祭司則以卑南語經文祈祝，帛琉方面則委由負責大船設計的日裔帛琉人山城金太郎親自禱告祈福。

造船及祈福儀式顯然是多元族群合力完成的工作，但是無損於帛琉船為主角，無形中完成一次特殊的南島語族大船文化交流。

（二〇〇四）

64.

拉巴努依（復活島）我們的兄弟

玻里尼西亞原為希臘語，意為眾多的島，善於航海的玻里尼西亞人，分別遷移至夏威夷群島、復活節島及紐西蘭等北、東、南三個航程終端。區域內重要的島群國家和族群包括夏威夷、吐瓦魯、薩摩亞、東加、庫克群島、復活節島、紐西蘭毛利人。

最東邊的復活島，族人自稱為拉巴努依，二〇〇二年第一次到台灣參加南島文化節，主客都相互覺得稀罕。遠道來的是一個名為馬他豆阿（戰士之眼）的舞團，我們看到拉巴努依人的粗獷外觀，身型體質好像隨著地理環境的分布，已融入南美洲族群的味道。

舞者慎重的全身彩繪裝飾，站在舞台上，頭上戴的、身上穿的皆是羽毛及皮製的佩飾，手上拿著特殊造形的木棒道具，臉上、身上則以天然土壤棕色彩繪圖紋，穿戴羽毛飾物，色彩斑斕得像一隻大公雞。演奏時拿起小卵石相互敲擊，配合低沉的鼓聲，竟然發出了悅耳的音響，讓人沉醉在那簡潔而有自然力的音符中。女舞者臉上畫了半邊的圖紋，穿著改良自傳統的獸皮紋衣，舞動起來尤其令人著迷。

復活島原始、簡潔的表演方式，加上與民眾同樂的時刻，男女舞者和本地舞者、民眾熱情互動，展現了高度親和力，很受到東台灣民眾歡迎。他們在停留期間也被安排到原住民部落參訪，以實際行動接觸台灣的南島語族，這也許是台灣原住民第一次接待遠自千里而來的南美洲復活島貴客。

東排灣族新興部落族人既期待又興奮的準備了豐盛的食物與活動相迎，當這些五官輪廓似曾相識的親人出現，族人特別在現場準備了數字與人的五官圖卡，進行雙方語言實際交流。復活島團名馬他豆阿（戰士之眼），居然可以對比東排灣族人的馬他（眼睛）；以一至十數字發音和他們比對，居然有三至四個數字發音相像，讓團員們驚呼「你是我們的兄弟」。

團員們與部落族人一起嘗試刺球，當藤球往上拋時，大家手握刺竿迎上去，當有人刺中藤球便響起一陣歡呼。此外他們也體驗了排灣族的擲標槍活動，這是往日族人射山豬等野獸的利器，團員們嘗試各項活動都頗覺得新奇。

整個部落熱鬧烘烘，族人拉著拉巴努依人比手劃腳，談起相似的經驗，彼此的隔閡好像不存在。拉巴努依人被團團包圍起來當場開懷暢飲，婦女們則帶動大家一起歌舞，手牽手將陌生的感覺拋諸腦後。隨著歌聲舞蹈的移動，舞團成員加入隊伍的行列，宛若一個大家庭……

在時代變遷下，當代南島語族大家庭各自適應著新環境，或許早於千百年前拉巴努依人就曾與台灣的南島族群相遇，在當下，排灣族人則是以小米酒加上熱情的歌舞和拉巴努依人交流，部落居民與舞團全體一起舞動，沉醉在香醇的節奏氛圍裡分不出彼此。

（二〇〇二）

65. 巨石像與百步蛇的交會

拉巴努依（復活島）人到台灣交流訪問，對南島語族而言有其獨特的意義，若以太平洋為中心，那是東西兩岸的世紀相會，與台灣原住民部落實地生活接觸，更是難能可貴的經驗。

拉巴努依島是由荷蘭航海家於一七二二年發現，當天正逢歐洲復活節，乃取名「復活節島」；一八八八年由智利占領，全島面積一百七十三平方公里。考古學家從當地生產的庫馬拉（源自於秘魯的地瓜）和一種製作「埃及紙」的草，推測南島語族先遷徙到南美洲再回程到復活島，時間最早約於西元四〇〇年即有玻里尼西亞族群進入拉巴努依島居住。

來訪的拉巴努依人被安排到部落接觸原住民生活，對於排灣族部落的一草一木、家禽家畜與族人的山豬、百步蛇圖紋，自然流露出好奇與濃厚的興趣，他們說島上的動物最多

Agent 2012

僅有雞隻而已，也沒有什麼高大的樹木。

沒有樹木的島嶼？復活節島的生態似乎與一般南島語族的蒼鬱島嶼環境印象迥異，事實上，考古學家曾經從孢粉學數據推測，島上昔日應該是長滿了各種類的樹、灌木和野草。玻里尼西亞族群遷徙移住時，帶來了各種農作物的種子，種植過香蕉、芋頭、白薯和甘蔗，另以捕魚養雞等維持日常生活，是一個可以自給自足的島嶼。

現今這座島為世人所知悉的是遍布於島上的摩埃巨石像，在沒有金屬與運輸工具的時代，如何做成巨大的石像模樣，迄今仍讓各界稱奇。人類學家推測，初民社會時期大家習慣在一起交易、討論或喝酒，拉巴努依當地人稱這種空間為「麻賴」。人們坐久後腰痠背痛，族人乃放石塊讓領導者靠背，當他過世後，另一個領導者就立更高的靠背石。玻里尼西亞人也許認為石頭可將力量留下，也留下風範，摩埃巨石像可能因而出現。

不過也有考古學家認為，摩埃巨石像的用途與祭司用於祭儀的目的或是顯示部落實力有關，製作巨大石像用來嚇阻敵人，部落可免於受到侵犯，於是各部落爭相建造石像以彰顯自己的實力強大。

或許以拉巴努依島上原有數量眾多的棕櫚樹為例，可以佐證與摩埃巨石像的因果關係。棕櫚樹樹幹筆直，適合用來建造大型獨木舟、運輸石像。摩埃巨石像高達幾十米，有些重達八十多噸，要移動最有可能是靠大量的圓滾木頭來運送，這應該就是島上棕櫚樹全遭砍光的重要原因。

無論如何，拉巴努依人把摩埃巨石像當做該島的象徵有其傳統情感和特殊的意義，因此當排灣族陶藝家拿起陶土與拉巴努依舞者們相會聯誼時，男男女女成員拿起陶土隨手便捏出熟悉的摩埃巨石像，因為那是他們無法擺脫的歷史記憶呀！

排灣族人捏了百步蛇與拉巴努依的摩埃巨石像擺放在一起，這個有趣的對比，代表著太平洋東西兩岸南島語族的世紀相會。

（二〇〇二）

66. 砂拉越的老鷹之舞

馬來西亞砂拉越（Sarawak）獨特的歐旺—烏魯舞，四人一組的傳統樂器聲響起，開始由穿著傳統服飾的數名婦女，兩手各持羽扇出場，像舞動著翅膀的鷹群翱翔天空，間隔著鷹嘯，更讓全場充滿著叢林氣息。接著男舞者出現，身穿獸皮獵衣和裝飾，頭上插著羽毛，手握長盾或長矛、長刀，十分英武的在舞台上四處遊走。

獵人們身手矯健，不時低身注目傾聽，或者兩人疊羅漢，以高度視野，專注在搜尋、發覺獵物。過程中，無論是高難度的動作或變換舞步，獵人的步伐始終保持輕盈，好像維持警覺的心，不去驚動獵物一般，表達了狩獵的高度境界。

這是二〇〇四年南島文化節觀賞到的馬來西亞砂拉越獨特舞碼，這種特殊樂舞的形成與其熱帶雨林環境有關。砂拉越不僅擁有寶貴的森林資源和豐富的野生動物，當地設立的國家公園或保護區，有超過五百五十種的鳥和野豬、熊、鹿、長臂猿、鱷魚及紅毛猩猩等動物。叢林、野生動物的天堂環境，自然產生的歐旺—烏魯老鷹之舞，也形塑了美麗的熱帶雨林文化。

砂拉越人口複雜，三大族群為伊班、華人及馬來人，另外有比達攸人、美蘭閙人及歐旺—烏魯人，絕大部分是捕魚維生。到當地觀光，通常會沿著河流而下，觀賞兩岸的熱帶雨林以及許多部落的長屋，歐旺—烏魯人居住區域即是經常安排欣賞長屋和傳統舞蹈、音樂表演的地區。

一九九七年，馬來西亞政府開始在自然原始風貌的砂拉越文化村（Sarawak Cultural Village）舉辦世界熱帶雨林音樂節（Rainforest World Music Festival），邀請全球各民族音樂團體到此表演，讓遊客體驗難得的雨林音樂饗宴，也打開了砂拉越的民族樂舞知名度。

舞者 肢体肌肉線条已經比較輕鬆寫意
2013

發源於台灣中央山脈布蘇—呼尼／姆達—達西地區（今稱牡丹岩），同樣擁有森林環境的台灣賽德克族，約四百年前向東遷移，陸續翻越中央山脈形成今日之分布區，包括祖居地南投仁愛鄉、花蓮秀林鄉、卓溪鄉及萬榮鄉，宜蘭大同鄉、南溪鄉等，傳統上，狩獵是賽德克族維生的技能。

二〇〇八年十一月二十二日舉辦「美麗的賽德克族——感恩分享文化系列活動」，展現族人向心力及大團結意識，特別邀請南投及移居花蓮等族人參與交流，各部落展現其獨特的歌舞文化，其中包括一齣充滿陽剛氣息的「老鷹之舞」。身穿傳統服飾的族人三人一組進行演出，一人拍打手鼓樂器，兩人在台前隨著節奏起舞，時而揮動雙臂展翅，時而伸展踢腳，模仿雄鷹的飛舞與律動，可以感受到老鷹在大地上盡情翱翔的姿態。

來自山林的呼喚與體驗，轉換成歌舞表現內涵，是南島語族共通且自然的藝術呈現方式，砂拉越舞團如此，賽德克族也不例外。

（二〇〇八）

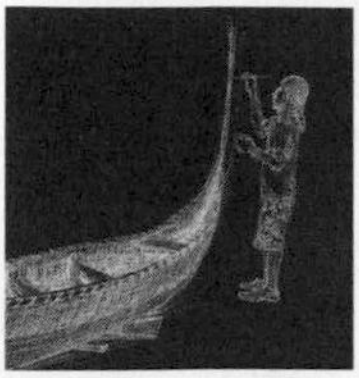

67. 索羅門群島的托莫柯（戰舟）

初識索羅門群島（Solomon Islands）的造舟人，身上穿著簡單的上衣短褲，但是黝黑的皮膚及臉龐上一眼可見的小白鬚，配合斑白的鬢髮，形成色彩明度和彩度上的對比，尤其是深邃的五官造形、眼窩，十分吸引我的目光。

他對著放置身旁的一整塊原木頻頻擦拭額頭，雖然已經鑿出大片凹槽，初具獨木舟的雛形，嘴裡仍然唸著：「木頭太堅硬了。」我的注意力放在他手上拿著小鋤頭削整木板，與印象中雅美人造舟使用斧頭削整拼板的方式很不一樣，我問起疑惑的問題，他說材料和一些工具是到台東參加南島文化節在當地採買的，不論是電鋸或木材皆因地制宜，才讓我恍然大悟。

但是接下來的製作，弧形的舟身呈現兩頭緊密、中間略寬的造形，加上首尾兩端高高

Agent
2012

翹起，與雅美拼板舟幾乎一致。我指著一旁參與現場展示的雅美舟問他這個問題，他說第一次看到以為他們的船找到了兄弟，因為舟船外觀真的很像。索羅門人也常跑到一旁和雅美人溝通，雖然語言很多不通，但靠著比手劃腳也交換了不少兩族群造舟技術的異同，彼此相談甚為有趣。

擁有九百九十個島嶼的索羅門，因為沿海交通便捷，適宜耕作與捕魚，許多內陸居民紛紛遷移到沿岸地區，島民利用淺海珊瑚礁和沙灘地形建立起人工島居住，獨木舟則成為日常生活最重要的交通工具，他們會根據目的地的遠近，使用不同大小的獨木舟，因此頗為重視造舟工藝，在當地邀請族人造舟，過去以流行的傳統精緻貝珠錢做為報酬。

索羅門人特別提到烏拉瓦島上的造舟，也是削製九片以上的木板，再用當地的提達樹果實製成的黏劑接合，即是名副其實的拼板舟。看來索羅門使用的傳統舟與雅美族舟還是有很多相似的地方，以船即可做為兄弟邦誼的實際印證。

索羅門人表示，此次他們帶來的舟船稱為托莫扣（戰舟），這種大型的獨木舟可長達十一～十三公尺，乘坐二十～三十人，通常比較講究的戰舟，兩端高立並飾以瑪瑙貝、羽毛和鸚鵡螺等裝飾。在外界勢力未影響到島嶼的部落時期，托莫扣做為載運勇士攻擊敵對部落之用。可以想像大批戰舟靠岸的情況，其磅礡氣勢與威懾的場面足以讓人震撼。現在，華麗的托莫扣也做為迎接貴賓的最高禮讚之用。

一組人分工合作將戰舟完成後，交給一位年輕的索羅門人進行最後的油漆工作，他將船身外觀漆上綠黑色，另用白漆做為圖紋裝飾，在船首尾兩端繪製「米」字，船身則是「Z」字形的圖紋。

最特別的是在船首下緣鑲上一個張口大眼的半身雕像，兩手捧著下顎，也用了幾個「Z」字裝飾其上。我對這個稱為「努谷如谷如」的雕像十分感興趣，他說，在船首放置努谷如谷如雕像，主要是指引戰舟避開海上侵犯的惡靈和暗礁，確保航海順利與戰爭勝利。這種信仰又與雅美舟的船眼——太陽紋有異曲同工之效，讓人覺得廣闊的海洋與南島語族關係深遠，藉著船的製作與圖紋文化，其光芒得以相互輝映。

（二〇一二）

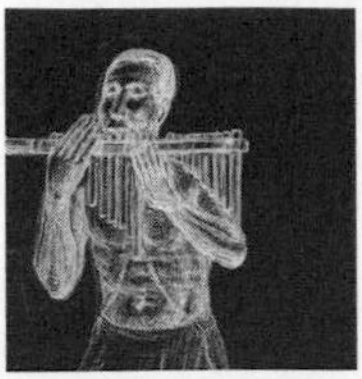

68 排笛與樂舞

九〇年代第一次看見索羅門群島的排笛（panpipe）樂舞表演，全身彩繪白色圖紋的表演者隨著時而快速、時而舒緩的節奏，以簡單的舞步搖擺或轉換身子，忽而喊叫、忽而變換蹲步動作。其中排笛特殊低沉卻不失活力的音調貫穿全場，充滿原始的氣息，配上傳統樂器音符的律動，在我腦海中震撼迴旋，竟不知不覺表演結束了。

在交流的時間，很多人跟我一樣聽完覺得意猶未盡，紛紛在現場購買他們的卡帶想帶回去好好欣賞。我詢問其中一位演奏者能否與他合影，他大方擺了個吹奏排笛的姿勢，我依樣畫葫蘆，感受他在演出時的悠然愜意和隨著節奏自然擺動身子的奔放感覺。

索羅門的排笛由長短不一的竹管組成，有各種不同形式，一般吹奏用的小型排笛是由小至大竹管依序排列，上端再加上一支長型橫把竹管方便兩手掌握，外觀以藤條結成各式編織裝飾，看起來多了一分貴重質感。大型排笛則將大竹管束在一起成圓筒狀，演出時直接將笛管立於地面吹奏。如果是樂團演奏另外加上一種敲擊型排笛，由較大竹管長短參雜，演奏時擺在架子上，以椰子等植物纖維做成的拍板敲擊做為引導節奏。

索羅門最具特色的排笛樂舞是他們的生活和文化，唯因群島分布在廣大海域，各部落擁有不同的民間曲調風格，但是在表演時他們就像其他南島語族音樂的特性，隨著主調音律調整再加入即興創作，融合而成流暢和諧的音籟，也因此成為索羅門群島引以為傲的表演藝術。

近代索羅門人以排笛樂舞做為迎賓禮儀的表演，重要貴賓來訪以此為國之門面，一組排笛樂舞團就在機場演奏排笛、大跳戰舞迎接，展現了索羅門當地特色，有別於一般禮賓的制式樂儀隊表演。

當然在各種大小演出場合，排笛樂舞更是代表國家的表演藝術象徵，以二〇一二年的第十一屆太平洋藝術節（Festival of Pacific Arts, FOPA）為例，索羅門群島為主辦國家，策劃「文化與自然的和諧」主題，以樂舞的功能連結南太平洋南島語族各個國家，透過充滿原始自然的舞蹈和藝術形式表達出文化與自然的緊密連結。

寫太平洋音稿已完成，請後山文化工作協會協助，試看看
有無机会出版，並將之義賣，捐給馬偕急重症大樓基金，也好讓
自己的心願完成。目前則缺少幾張圖 努力完成吧
Agent
2013.5.12

一九七二年創立於斐濟的太平洋藝術節，迄今已有四十年的歷史，從十四個國家的一千人，擴展到二十四個國家（區域）兩千五百人參與，已成為南島語族四年一次的重要聚會。做為主人的索羅門群島理所當然的以排笛樂舞代表國家，並且以樂舞迎接包括來自台灣原住民代表團隊的太平洋地區的各國團體。南島語族大家庭以藝術聯誼，用表演交流。

接著，其中一支索羅門排笛樂舞團隊馬不停蹄趕到台灣參加南島文化節的演出，對南島語族人來說，樂舞不僅是一種表演藝術，它跨越族群地域，是與人分享、交流和認同自己文化的重要媒介。

（二〇一二）

69.

萬那杜的坦坦（木雕人像）

二〇〇八年，岩佐嘉親（Mr. Iwasa Ycshichika，一九二一—）先生將其珍藏的文物全數捐贈給史前館。岩佐於一九五九年起在大洋洲進行五十多次的南島語族文物採集，以當時的原始環境而言，要克服生活上的適應、交通不便、語言的障礙及文物的收購、運輸等等，皆是嚴格的考驗，俟千里迢迢將文物運回日本，最後落腳史前館，當中的困難度可以用重重難關來形容。

二〇一〇年碰巧接觸這批文物，對於眼前這些耗費岩佐畢生力量，在一個個大洋洲島嶼上蒐集而來的心血，讓人既感動又尊敬。如果不是他對南島語族的熱愛理念支持，這種高難度的工作恐怕很難長久持續。

我選擇了萬那杜（Vanuatu）進行初步研究，主要是當地木、石雕文物蒐集較多，另外想從雕刻上了解與台灣南島民族在木雕藝術表現上的差異性。萬那杜各島族人藉著歌謠、儀式，祭祀祖靈和祈求豐收，利用石頭、木頭或珊瑚和蕨類植物纖維等進行雕刻塑像、紀念祖先，這些不同材質的人頭、人像或面具，正好說明當地為什麼需要如此多的人像標本數量，他們的美感經驗事實上就隱藏在這些生活空間和信仰祭儀中。

安布里島上的藝術形式，以高尚及奢侈的全身人像做為階級的紀念碑，這種圖紋普遍應用於建築、儀式工具、面具，甚至頭上裝飾。北邊的馬列庫拉島是集各式傑出藝術形式的所在，如面具形式的彩繪頭飾、象徵性的木雕與繪畫，和象徵性圖紋製作的皮帶等表現。

無意中發現到安布里島的傳統木雕形式，以坦坦人像木雕（tamtam figure）最為顯著，幾乎是當地木雕家雕刻工作的主題，岩佐的蒐集文物中就有該形式木雕。外觀為圓柱形直立式的空心圓木（hollowly idiophones），頂部有凸起的乳釘式髮型裝飾，面部為圓而大的

坐在政大教室过去常在此準備上課，今天在此渡过当学生的最後一天要離校了。

Agent.

2012.12.7

眼睛與鼻子，也是該木雕人像最突出的風格，身軀中央部分則挖出一長條凹槽。

傳統的坦坦人像木雕以麵包樹材料製作，族人喜愛將坦坦人像立於廣場上，在祭儀或活動舉行時，利用坦坦的凹槽敲擊出聲響，就如同祖先或神靈發出聲響般，隨著舞蹈拍打出強烈節奏而起舞。

台灣原住民使用的水平背帶腰織機的烏緪，經常也在樂舞中拿來伴奏使用。站在台上手持木棒，一面敲擊著烏緪，除了可為歌謠伴奏外，也可以控制樂舞速度或指揮隊形。當烏緪敲擊聲響急促，參與表演者即加快節奏或者變換隊形，實在是自然又頗有功能的樂器。

大洋洲萬那杜安布里島上傳統的人像木雕坦坦，與台灣原住民常見的水平背帶腰織機經卷箱烏緪，兩個看似沒有交集的東西，除了各自原有的功能外，在南島語族樂舞表現上竟有著相近的用途。

（二〇〇八）

後記與致謝

用「家在太平洋」做為本書的定位有幾個意涵，一是島嶼台灣與太平洋為鄰，太平洋的洋流、季風皆深深影響我們的環境與生活。若聚焦於南島語族，其分布區域除了部分於印度洋外，多半位在太平洋島嶼。歷史發展中，藉著海洋的天然區隔，減輕了外界入侵的威脅與壓力，各族群可以自在的上演許多感人的生命傳承故事。

另外，二〇〇九年發生的莫拉克風災，帶給原住民部落慘重的災情，許多族人的家被沖走，流失到太平洋裡，不得不讓我們省思海洋可以哺育島嶼、讓族人安身立命，也可以吞噬族人的一切，我們必須學會敬畏大自然的力量。

回顧一九八二年開始進入原住民文化的世界，三十年的時光悠然流逝，從基礎的族群認識、深入訪查，到進行寫作、繪畫，以至於研究工作。原住民大環境的改變、主體意識的覺醒、部落文化紛紛復振，適巧陪同近代台灣原住民走過文化的振盪期，讓我感觸頗深。

八八風災給了我另一層體悟，藉著博物館參與嘉蘭災區的關懷計畫，從災害中的文化搶救、心靈教育重建到整理部落在災害下的傳統因應機制，甚至週年後以歌舞凝聚部落集體意識，重新站起來，好像接受了一次部落文化的淬煉洗滌。

書中的「字」約寫於進入博物館工作前後十年之間，是深入理解原住民文化藝術內涵的心情紀錄，主要以原住民視角或思維去面對事物，無論是生活經驗、語言表達或藝術創作皆會「呼吸」，處處渾然天成且能夠呼應自然環境。

至於書中的「畫」，是我個人以畫者角度觀察、尋找原住民之美的視窗，或許是來自內文的感動，或一張堅毅的面容、一個優美的姿態，每幅都有其故事。以鉛筆描寫則是多年來養成的習慣，近年來在繁重的工作、課業與家庭的壓力下，尤其在陪伴生病妻子生活過程中的憂心焦慮，繪畫成了心情抒發的管道，重新觀看這些速寫線條的變化，其實也是自己成長的軌跡。

謝謝文章中所提到的原住民朋友，為了避免帶來不必要的困擾，皆隱去名字而以朋友代稱，重要的是，不論年長的智者或熱愛甚至投入一生志業的工作者，他們的話語或作品，都存在著一種對天地超然透徹的視野與哲理，影響我的人生經驗與創作，啟發甚多，同時也深刻感受原住民的生活智慧，其實就是對大自然的另一種禮讚。

最後要特別感謝聯經出版公司的支持、台東生活美學館的協助，尤其為這本書作序的馬偕台東分院張院長、台東大學美產系林主任、財團法人原舞者文教基金會林董事長、後山文化工作協會李理事長及眾多參與的好朋友們，他們毫無保留地付出盛情、愛心，共同關懷、支持馬偕台東分院急重症大樓的基金籌募，匯聚文化人的微薄力量，用實際行動回饋後山貧乏的醫療資源。

家在太平洋

2013年10月初版　　定價：新臺幣320元

著　　者　林　建　成
總 編 輯　胡　金　倫
發 行 人　林　載　爵

出　版　者　聯經出版事業股份有限公司
地　　　址　台北市基隆路一段180號4樓
編輯部地址　台北市基隆路一段180號4樓
叢書主編電話　(02)87876242轉221
台北聯經書房：台北市新生南路三段94號
電　　　話：(02)23620308
台中分公司：台中市健行路321號
暨門市電話：(04)22371234ext.5
郵政劃撥帳戶第0100559-3號
郵撥電話：(02)23620308
印　刷　者　世和印製企業有限公司
總　經　銷　聯合發行股份有限公司
發　行　所：台北縣新店市寶橋路235巷6弄6號2樓
電　　　話：(02)29178022

叢書主編　林　芳　瑜
叢書編輯　楊　玉　鳳
特約編輯　李　美　貞
整體設計　劉　亭　麟

行政院新聞局出版事業登記證局版臺業字第0130號

本書如有缺頁，破損，倒裝請寄回聯經忠孝門市更換。　ISBN 978-957-08-4264-7 (平裝)
聯經網址：www.linkingbooks.com.tw
電子信箱：linking@udngroup.com

國家圖書館出版品預行編目資料

家在太平洋/林建成著．初版．臺北市．聯經．
2013年10月（民102年）．312面．14.8×21公分
ISBN 978-957-08-4264-7（平裝）

1.台灣原住民 2.民族文化

536.33 102017872